城市学编译丛刊

假如威尼斯消逝

IF VENICE DIES

〔意〕萨尔瓦多·塞提斯（Salvatore Settis）/著

林航 胡泽霞/译 林航/校

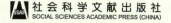

社会科学文献出版社
SOCIAL SCIENCES ACADEMIC PRESS (CHINA)

杭州市哲学社会科学重点研究基地杭州城市国际化研究中心重点课题资助

杭州市发展和改革委员会专项支持项目资助

热切恳求每一位城市规划师、建筑师、文化历史学家和热爱威尼斯的人阅读本书。

——《柯克斯书评》（星级评语）

体现全球消费主义蔓延的"一段关于垂死挣扎的威尼斯的恐怖记述。记载翔实且饱含对这一至高城市成就的深深忧虑"。

——大都会艺术博物馆前馆长菲利普·蒙特贝罗

所有想了解在威尼斯到底发生了什么的人都应该阅读本书。

——《我的威尼斯及其他漫笔》和《凤凰歌剧院之死》
作者唐娜·里昂

本书勇敢地展示了威尼斯——文明、艺术与商业的交会处，永恒的爱情之都——绝不能消亡的原因。

——威尼斯遗产委员会副主席黛安·冯·福丝腾贝格

塞提斯讲述了威尼斯的悲剧如何可能在任何一座有历史的城市发生。这是一记强有力的抨击。

——《公共人的衰落》作者，纽约大学和伦敦政治经济学院社会学教授理查德·桑内特威尼斯的确独一无二，它也代表所有城市发出了令人信服的、愤怒的控诉，以此反对我们这个星球的商品化和市场心态给人类社会带来的无情破坏。

——《财富之城：威尼斯海洋霸权》作者罗杰·克劳利

对当下贪婪经济环境给威尼斯带来的严峻挑战的有力控诉。塞提斯开出了一剂道德药方，以此来复苏和重振威尼斯和威尼斯生活的历史独特性。

——《不流俗的酒店：威尼斯的欲望和追求》合著者，
国家美术馆高级讲师埃里克·登克尔

对正日益遭受破坏的美丽景观的哀悼……充满了作者对当下道德破产的意大利的愤怒和失望。

——《艺术新闻报》

塞提斯展现的景象黯淡而悲观，但希望尚存。

——《意大利晚邮报》

萨尔瓦多·塞提斯想要遏制对城市的过度消费。……融合了敏锐的才智和道德的愤慨、清晰的表述和激昂的论点，他的著述富有魅力而值得一读。

——《法兰克福汇报》

塞提斯的分析适用于所有城市。只有积极的公民责任意识才能将它们从房地产投机者的贪婪中拯救出来。

　　　　——原《跨大西洋评论》欧洲版编辑，《选择的道路》

　　　　作者戴斯蒙德·奥格雷迪

　　塞提斯以此书阐明了保护主义和文化遗产保护应该意味着什么。

　　　　——《宣言报》

致　谢

感谢以下人员在我写作期间提供的建议、帮助和批评：安德烈·博斯克（Andrea Bosco）、多纳特拉·卡拉比（Donatella Calabi）、玛丽亚·路易莎·卡托尼（Maria Luisa Catoni）、安娜·法瓦（Anna Fava）、露西娅·弗兰奇（Lucia Franchi）、克劳迪娅·费拉齐（Claudia Ferrazzi）、丹尼丝·拉·莫妮卡（Denise La Monica）、恩里卡·扎拉·梅尔洛（Enrica Zaira Merlo）、托马索·蒙塔纳里（Tomaso Montanari）、马里亚姆·皮鲁蒂·纳末尔（Myriam Pilutti Namer）、阿里桑德罗·泊吉奥（Alessandro Poggio）、菲利波玛丽亚·蓬塔尼（Filippomaria Pontani）、费德里卡·罗西（Federica Rossi）、安托内拉·塔皮诺（Antonella Tarpino）、马尔科·维吉瓦尼（Marco Vigevani）、玛丽娜·扎纳佐（Marina Zanazzo），我的儿子安德烈（Andrea）和布鲁诺（Bruno）。

我的妻子米歇拉是威内托人。作为我生活的伴侣，她一如既往地支持我，是我最信任、耐心和敏锐的读者。谨以此书献给她。

目 录

CONTENTS

第一章　健忘的雅典／001

第二章　没有威尼斯人的威尼斯／005

第三章　无形城市／012

第四章　关于重庆／016

第五章　摩天大楼的语言／022

第六章　城市形态：审美救赎／033

第七章　威尼斯价值几何？／047

第八章　保护的悖论，再用的诗意／057

第九章　复制威尼斯／067

第十章　历史市场／075

第十一章　假象中的真相／084

第十二章　边缘／093

第十三章　拥有城市的权利／104

第十四章　"公民资本"与工作权／115

第十五章　现代性飞船／122

第十六章　威尼斯与曼哈顿／139

第十七章　建筑师的道德规范：希波克拉底与维特鲁威／148

第十八章　威尼斯：一台思想机器／161

第一章　健忘的雅典

城市有三种消亡途径：受到敌人凶残的破坏（如公元前146年罗马军队把迦太基夷为平地）；外国侵略者暴力殖民，将土著居民和他们信奉的神祇驱赶出去（如阿兹特克首都特诺奇蒂特兰，1521年西班牙人摧毁了这座城市，并在废墟之上建造了墨西哥城）；或是最后一种，即公民在无意识中遗忘了自己的身份，也遗忘了他们最凶狠的敌人。雅典城就是个最好的例子：在经历了古典时期的辉煌——帕特农神庙的大理石、菲迪亚斯的雕塑，以及由埃斯库罗斯、索福克勒斯、欧里庇得斯、德摩斯梯尼、普拉克西特利斯等造就的一系列文化和历史事件——之后，雅典失去了其政治独立性（先屈服于马其顿王国统治之下，后又被罗马帝国占领），也失去了文化主动性和身份认同。

早在求学时，我们就被沉稳而简朴的古典主义感染，大多时候认为它在纯白的大理石中已经冻结了几个世纪，相信直到1827年希腊独立战争之后，它才最终重新绽放，就像从深睡中苏醒那样。然而事实远非如此：来自君士坦丁堡的米迦勒·尼亚铁（Michael Choniates）在 12 世纪末被任命为大主教，他被雅典人的无知所震惊。雅典人对他们城市过去的辉煌一无所知，无法对外来游客介绍保持完好的神殿，更遑论认出苏格拉底、柏拉图和亚里士多德曾经宣讲教义的地方了。

纵观无比漫长的中世纪，在这样健忘的雅典，帕特农神庙被改造成一座教堂，墙上挂满了圣像和其他宗教画作，内部则回荡着圣歌，空气中弥漫着香氛。1204 年，第四次十字军东征之后，帕特农神庙变成了一座拉丁教堂，被威尼斯人和佛罗伦萨人反复掠夺，但雅典人却不愿出一点力去抵抗。他们懒得抗议，也没人记得它的历史和辉煌。1456 年，雅典被奥斯曼土耳其人占领，帕特农教堂被改造成一座清真寺——这座城市甚至失去了它的名字，剩下的只有一个可怜的村庄，以及分散在废墟中的几间小屋。当地人口减少到只有几千人，并开始将这座城市称为"赛迪内斯"（Satines 或 Sethines），成为罗马绝不接受的仿冒品。然而，雅典人的健忘却远早于此。公元 430 年左右，住在雅典卫城附近的新柏拉图主义哲学家普洛克拉斯·吕开俄斯（Proclus Lycaeus）说，他梦到过帕特农神庙的女神雅典娜。她被赶出了她的神殿，不得不向他寻求庇护。这种怀旧的梦不仅完美地概述了宗教的终结和遗迹的毁灭，也最终暗示了文化的消亡和居民自我意识的丧失。

通常，人们——甚至是城市——一旦患上集体失忆症，最终都会失去尊严。如果他们的古代精神仍有留存，那么这座城市必定会在别处寻求慰藉。就雅典而言，或许它会在君士坦丁堡、莫斯科或意大利人文主义的其他中心寻求庇护。然而雅典忘记了自己的身份，如今的我们甚至都已经忘却了这一事实。但记住这种遗忘的阴影也并非一件坏事，这可以使他们免于被同一种疾病击倒。毕竟，遗忘的阴影并不会在人群中突然降临，而是摇摇晃晃、缓慢地下落，犹如迟疑的谢幕。人们并不需要参与其中，幕布自会落下，一切也会被那夜的模糊笼罩。人们只需要保持无动于衷。因此，就像涉及我们身心健康时一样，及时识别遗忘的征兆并解决问题显得至关重要。

在充满暴力并不断堕落的时代，重复"美将拯救世界"的口号成为一种时髦。陀思妥耶夫斯基（Dostoevsky）的作品《白痴》（*The Idiot*）中所刻画的英雄梅诗金亲王（Prince Myshkin）就常常重复这句话。如今在意大利它常常被引用，就像脱离语境之外被引述的冗长祷文。"什么样的美才能拯救世界？"年轻的伊波利特（Ippolit）问亲王，并说"他有如此有趣的想法，是因为他有爱"。而"美是难解之谜"，即使阿格拉娅·伊万诺夫娜（Aglaya Ivanova）的美"能颠覆世界"。对于梅诗金亲王来说，美是一种恩典，是由"崇拜"而引发的"加速自我意识"，是他在每次癫痫发作之前经历的特殊状态（"是的，此时此刻，人们可能献出一生！"）。他所说的美我们无法触及。那是我们奉献自己，或爱上，或祈祷，去追寻的东西，是"和谐和狂热的信仰在生命中最高的融合"。

　　相较于风景之美，城市之美是全然不同的另一种概念：它是可触及的地平线，而不是崇高的理想；它是属于集体而非个人的遗产；它不会从天而降，而是一种由规划、目光、手势、技巧和记忆组成的不断发展的叙事。它实际上离我们并不遥远，因为我们是其中重要的组成部分，因为同样的空气和血液将艺术、自然和历史的伟大丰碑与其缔造者、守护者或寄居者紧紧相连。它由当代人的真实经历组成，而他们——或者说我们——是连接过去与未来几代人的纽带。雅典至高无上的美并不能阻止这座城市陷入自我遗忘中，也不能阻止随之而来的掠夺和破坏。不仅如此，约 1403 年时统治雅典公国的佛罗伦萨·阿西奥利（Florentine Acciaioli）家族将雅典卫城的通廊变为戒备森严的宫殿，而奥斯曼土耳其人将帕特农神庙当作火药库使用。1687 年 9 月 26 日，威尼斯将军弗朗切斯科·莫罗西尼（Francesco Morosini）炮轰城堡，将大部分建筑炸成碎片。至今，伯里克利（Pericles）和菲迪亚斯（Phidias）的雕像上仍可见 700 多处炮弹弹片留下的痕迹。对以上种种，雅典的美无能为力。环顾四周，尽情沉迷于城市和风景之美还远远不够——我们不期望从美中获得奇迹般的拯救，来赦免一切的罪责。不，恰恰相反，如果想让美延续下去，活着的人应该在日常生活中培养美、欣赏美，并确保它在我们死后也不会消失。如果不首先知道如何拯救美以及伴随它的文化、历史、记忆、经济——即生活本身，我们就不能依靠美来拯救任何事物。

第二章　没有威尼斯人的威尼斯

　　记忆的消散笼罩着我们所有人，它威胁社会，蚕食未来，遏制现在。如果说城市是人类社会最理想、最典型的形式，那么威尼斯不仅是这一系列意义的最高象征，也是意大利和世界其他国家的城市衰落的象征。如果威尼斯消逝，绝不是因为受到凶残的敌人或征服者的入侵，而是因为它遗忘了自己的个性。对于现代社区而言，遗忘并不仅仅意味着忘记自己的历史，或者产生对美的病态迷恋，这种遗忘就像试图宽慰我们的沉闷装饰。这主要是因为遗忘了重要的东西：威尼斯较之其他城市的特殊性、独特性和多样性，以及相较于其他城市更多的优点。所有人都以自己的特质为荣，而这些特质只有在对比他人的天赋和经验时才能展现或被充分利用。城市同样如此。每座城市都有自己独特的历史事件、城市形态、建筑风格、城建材料及植被景观。基于此，居民体验和热爱城市的方式也是独一无二的。所以，每座城市都应该在其城市遗产的基础上规划未来。不仅如此，每座城市也有其特定的发展特征，并可以通过与其他城市的互动和对比，发现意义、优势和使命感。所有的城市都是在历史长河中做出大量选择的结果，这些选择在每个岔路口都可能会导致不同的结果。所以，每座城市中其实都含有许多其他城市：过去的城市，以及本可能成为却从未成为的其他城市——有时可以通过相互之间的相似性或关联性从其他城市中窥见。城市的纬度、位置形态与城市的制度、发生的事件、居民的规划和希望以及他们的未来密切相关。就如织锦一样，需要世世代代努力，互相成为彼此的重要组成部分、互为因果。

意大利由大量古城组合而成，被称为百城之国，但其城镇规划却一再变动：从希腊和伊特拉斯坎诸城到罗马及其疆土，贯穿漫长富饶的中世纪，并最终穿越从文艺复兴到当代的壮观场景。因此，每一次它都经历了彻底的重建，在此过程中保留并重复使用墙壁、道路、神殿以及有着几百年历史的桥梁。所有的这些都带有过去的丰富痕迹，不容忽视。由此，我们面对意大利的老城市，仍旧能认出——或想象出——维吉尔（Virgil）、但丁（Dante）和阿里奥斯托（Ariosto）曾走过我们如今走过的同一条路。这趟精神之旅将我们从西西里岛一路带到阿尔卑斯山，让我们见证各种无与伦比的城市建筑。其精神不仅体现在教堂、公共广场和宫殿中，还体现在制度设计和治理模式中，从那不勒斯王国到海上的威尼斯和热那亚共和国都可见一斑。针对这些不同背景的人，我们不断思考公民性的本质，并根据过去的情况验证当下。我们可以轻易分辨出巴勒莫或那不勒斯的照片与热那亚或威尼斯的不同。然而即使在这绚烂的多样性中，人们仍然可以感受到一条共同的（意大利的）主线。同样的，人们可以从但丁的托斯卡纳诗中联想到西西里诗人，也可以从亚历山德罗·曼佐尼（Alessandro Manzoni）的小说《剑底鸳鸯》（*The Betrothed*）中看到意大利 19 世纪的政治统一以及意大利方言发展为统一文学语言的过程。时间连续性和物理空间共同构成了两极，而意大利城市（也就是文明）的故事游移于此二者之间：这是一段包括了工业和艺术、音乐和诗歌、农业和写本、建筑师和药剂师的历史。在定量和变量的相互作用中，意大利城市主义出现了一个独有的特征，也就是城市和农村之间的两极性——这也成为全世界最重要的模式之一。这种两极性不断提醒我们，自然空间和城市空间以及事物的自然秩序和文化秩序之间存在反差。因此，每个城市都是各自历史鲜活的见证，也是这里的居住者、保护者和改造者冰冷的化身。城市和市民互为一体，共同构成连接生活经验和物质记忆的纽带。但谁是威尼斯的居民呢？正如学者弗朗西斯科·桑索维诺（Francesco Sansovino）于 1581 年出版的《最高贵和非凡的城市》（*Most Noble and Singular City*）的书名所示，在此光环之下，威尼斯人能真正保存这座城市的精髓和本质吗？

根据目前的行政区划，威尼斯市辖区包括麦斯特（Mestre）、马格拉（Marghera），以及位于泰塞拉（Tessera）的马可波罗机场在内的广阔陆地区域。过去几十年间，大部分威尼斯人，尤其是年轻人都移居到了这些地方。在这种内部迁移发生的同时，整个威尼斯市的人口总数却在 1971 ~

2011 年间下降了近 10 万，从 363062 人跌落到 263996 人。而威尼斯历史中心区的人口数据，下降的幅度更大：

1540 年	129971	
1624 年	141625	
1631 年	98000（大致数据）	在 1630 年瘟疫之后
1760 年	149476	
1797 年	137240	共和国被废除
1871 年	128787	
1951 年	174808	
1961 年	137150	
1971 年	108426	
1981 年	93598	
1991 年	76644	
2001 年	65695	
2012 年（6 月 30 日）	58606	
2013 年（10 月 21 日）	57539	
2014 年（6 月 30 日）	56684	
2015 年（6 月 30 日）	56072	

　　正如数据所示，威尼斯在过去的 6 个世纪中唯一的一次能与现在相比的人口骤降，发生在 1630 年瘟疫之后。一个多世纪后，城市人口才恢复到之前的水平。尽管当时的人口数据并不完全可信，但 1348 年发生的瘟疫同样是灾难性的。据

估计，当时的人口数量从 12 万人骤减至 5.8 万人。这也仅略微超过现在的情况。然而，自 20 世纪 70 年代起，威尼斯爆发了一个新的问题。1950 年，城市注册登记的新生儿为 1924 名，同期死亡人数为 1932 名（基本相近）。而到了 2000 年，威尼斯有 404 名新生儿，而死亡人口则有 1058 名。人口老龄化、人口外流、家庭解体、低出生率以及其他因素共同构成了一座城市变迁的路径。这就使我们能够理解为什么坎普·圣巴托洛梅奥（Campo San Bartolomeo）的莫雷利制药公司（Morelli Pharmacy）设置了一个计量器来显示威尼斯人口每日减少的数量。这座令人印象深刻的倒计时钟并非由公共机构安放，而是由一群当地居民自发设置的。作为其中的一员，马特奥·塞基（Matteo Secchi）甚至说："我们很快就会为威尼斯举行葬礼，将棺椁一路列队抬到市政厅。"此外，住在历史中心区的威尼斯人"实际上并不能选举自己的市长，因为麦斯特居民（大陆居民）数目超过他们三倍"，经济学家弗朗西斯科·贾瓦齐（Francesco Giavazzi）说道。

　　那么，谁才是威尼斯真正的居民？是什么灾难导致了他们的灭亡？当城市逐渐变空，富人和名人相继涌入并不遗余力地购买房产——这是身份的象征，尽管一年中他们只会在此待 5 天。这股潮流极大地扭曲了市场，房价的不断提高使威尼斯人不得不离开自己的城市。威尼斯成为第二住所房主们的乐园，他们以浮夸而光鲜的形象短暂出现，然后便消失几个月。与此同时，每年有 800 万游客涌入威尼斯的街道和河流，在这里度过了总共 3400 万个夜晚。威尼斯的最大承载力是 1200 万名游客（Giuseppe Tattara, *Contare il crocerismo/Quantifying Crusing*, 2014），这意味着游客数量以 140∶1 的高比例远超威尼斯居民。这种毁灭性的失衡产生的影响不亚于一枚炸弹，彻底地改变了人口和经济现状。这座城市由单一的旅游文化主导，摒弃了它的原生居民，桎梏了留在那里的人，让他们从事服务业。威尼斯已无计可施，只能提供客房、酒店、餐厅、房产中介，以及出售传统产品（玻璃和面具等）的纪念品商店，并举办虚假的嘉年华，来为城市涂抹上忧郁的妆容，为集市营造热闹的氛围。这使他们短暂地忘记了折磨他们的痛苦，但在扫清居民的同时也分离了原有的社会结构，削弱了凝聚力，损毁了公民文化。

与此相反，将威尼斯人逐出威尼斯的单一旅游文化开始占据主导地位，以至于全市 2400 家酒店和其他民宿也无法满足日益增长的需求。《意大利晚邮报》（*Corriere della Sera*）称，如果威内托大区不采取措施阻止当前的趋势，那么该市历史中心区内客房的数量可能很快就会达到 5 万间，进而全面占领该区域。大运河这条在独特城市里的独特"公路"，从 2000 年起见证了一系列机构的关闭，包括国家研究委员会（National Research Council）和当地教育中介、司法机关、交通部门、中期信贷银行（Mediocredito）、德国领事馆，以及其他 20 家产权单位、医疗诊所和商店。这些都是为了给 16 家新旅馆的建造腾退空间（这意味着每年都要新建 2~3 家），从而创造出了共计 797 间客房，其中不乏豪华套房。威尼斯历史中心区曾有的多种职能已消失不见，并被单一的旅游文化取代。

然而，威尼斯真正的居民并不是那些游客，即使他们会在固定时间来住几天或几周。同样，威尼斯真正的居民也不是那些在这里购置了第二套、第三套，甚至是第四套房产的人。他们都不能算是城市所需的真正的居民。真正的居民是那些流经街道和广场的血液，是记忆的制造者和守护者，是认同城市形态及其伦理道德的社区，是"石头和人民"［Le pietre e il popolo/The People and the Stones，正如托玛索·蒙特纳利（Tomaso Montanari）所撰著作的名称一样］。

今天的威尼斯人在第二住所房主或游客的海洋中，是否可以再次成为一个不再日益减少的集群，不再像滥伐森林的幸存者那般？他们也许可以，但前提是我们不能放弃那些"为了生存而骄傲抗争的人，他们的城市每天受到数百万外国人的入侵，却永远不会得到真正的投资"（Polly Coles，*The Politics of Washing：Real Life in Venice*，2014）。威尼斯正处于很快就会失去所有威尼斯人的风险中。要想阻止这种情况发生，即使像我们这样的非威尼斯人也必须成为这个城市居民的一部分，成为美和记忆的守护者，并致力于孕育未来。即使我们不常来威尼斯，也应该这样做，并向它表达应有的敬意。我们应该充分考虑威尼斯所代表的城市形态最高水平和它的生活方式（居民理念），并且需要一份规划来使城市的血液（比如城市居民）重新流动。我们必须这样做，因为思考威尼斯的解决方案有助于我们了解其他城市，包括我们自己居住的城市，也能更好地了解它（和我们的城市）的意义和命运。

第三章　无形城市

城市有灵魂吗？对"身体"和"灵魂"之间区别与对立的表述在人类文明中不胜枚举。想想苏格拉底：他认为灵魂（或精神）是真我，包括自我意识和世界意识。灵魂由知识原则、内心准则、道德理性和遵从道德规范的行动方式组成。因此，个人行为的目的是"关爱灵魂"，或者说是去掌握在城邦（城市或全体公民）中选择和坚持前路的能力。因此，身体和灵魂并不互相矛盾；相反，它们互为补充，是同一个体的两个不同方面。身体是灵魂的工具：后者引导前者并控制欲望，以求达到崇高的道德目标。

在此，我们不诉诸进一步的构想，或将"身体"与"灵魂"之间的关系转化为符合时代的表达，而只是把这古老的学说作为一种强有力的隐喻来考察个体，甚至整个人类社会。这个过程不仅考察城邦作为一个制度结构和民主舞台的情况，也考察城市的实际形态。让我们将城市想象成有躯体的（由城墙、建筑、广场和街道等构成），且有灵魂的。它的灵魂不仅包括居民、男人和女人，也是一幅活的锦缎，绘有故事、记忆、原则、语言、欲望、制度和规划，导向它现有的形态和未来的发展。一个没有灵魂而只由城墙构成的城市，只能成为一具残骸或一场葬礼，就像中子弹爆炸后肃清一切生命痕迹的情景，只留下完整的城墙即将被入侵者占领。相反，我们的经验表明，由城墙构成的城市和由居民构成的城市共生共存。有人的城市就有灵魂，而灵魂存在于社区之中。这样的社区就是一座无形城市。

这座无形城市由不成文法管理，而这种不成文习俗往往更具约束力，例如城市和乡村之间，以及城镇空间和自然空间之间都有明显的差别（由常见而明确的标志标识）。这便是中世纪时城墙所起的作用，如今在像卢卡这样的地方依然可见。在这方面，威尼斯是独一无二的。它展示了水如何引领了自然秩序向文化秩序的过渡，是这一方式的最佳典范。潟湖的生态系统环绕整个城市，它对威尼斯的意义就如同过去的乡村之于城市（在某些情况下仍然如此）。潟湖的陆地部分用于耕种农作物（蔬菜和水果）。这就是威尼斯的乡村，它为城市提供其他食物（鱼和盐）。但这也是一个与城市紧密相连的乡村，因为它的岛屿拥有对于日常生活至关重要的设施（修道院、招待所、麻风病院、船库等）以及每天都有人居住的各个居民点。

还有一则规律与"无形城市"以及城市实体有着千丝万缕的联系，那就是城市精确而仪式化的创建与其社会结构缓慢演变之间的冲突。城市的建立常常出现在传说或神话中，如罗穆卢斯（Romulus）在建造罗马的第一座房子之前曾在罗马城址周围耕作过。这表明在建城之前，无形城市就已经存在于脑海之中了。城市灵魂先于城市实体存在，并产生了一系列针对特定功能的规则，如建筑风格、登记制度、社区街道、语言和建造技术。一段时间后，无形城市影响了实体城市，用相似的形态塑造它，将异教神殿改为教堂或清真寺，并把先前的旧宫殿变成博物馆。同样，私人领域变为公共场所，而后者通常用于宗教、政治、市民和商业生活。因此，有形城市处处显露无形城市的痕迹，虽然有时只是通过零散的遗迹。就像一份重写的手稿，我们能从今天看得到的街道和房子了解过去的社会秩序和矛盾冲突。

无形城市常在我们身边，也常在我们之中，因为我们本身就是无形城市。"无法从脑海中消除的城市就像电枢或蜂巢，每个人都可以在其单元存储我们想要记忆的东西。"［伊塔洛·卡尔维诺（Italo Calvino）：《隐形城市》（*Invisible Cities*），1972］本土城市是我们的记忆剧场，是个人和集体经验的宝库。但就像卡尔维诺所描述的左拉（Zora），人类建造的任何城市"都不能为了方便记忆而停滞不前，一成不变"。如果真的如此，结局必然是衰落、分裂、消失，最后彻底被遗忘。"城市是冗长的：历史一再重演，所以有些事物会被深深印在脑海中……这样的讯号一再重复，所以城市才开始存在。"马可·波罗描述的所有城市都很相似，忽必烈也很快意识到了这点。"通过旅行，你会发现所有的不同都消失了：每个城市都很相似，每个地方都交流着彼此的形式、秩序、距离，像一个无形的尘埃侵入大陆"，这位探险家说道。

"有座城市你从未提及。"

马可·波罗低下了头。

"威尼斯",忽必烈说。

马可·波罗微笑道:"那么您认为我一直在跟您谈什么呢?"

这位君王面不改色地说道:"但我从未听你提起过那个名字。"

马可·波罗回答道:"每当我描述一座城市时,都是在说威尼斯。"

"我问你其他城市,就是想知道其他城市的情况。我想知道威尼斯,自然会问你。"

"要区分其他城市的特质,就必须谈到一座低调的一流城市。对我来说这就是威尼斯……"

"记忆的意象一旦被固定在文字中,就会被抹去。"马可·波罗说道,"或许我是害怕一旦提到它,就会完全失去它。或者说在谈到其他城市时,我已经一点一点地迷失了。"

第四章　关于重庆

当马可·波罗向忽必烈描述上百座真实或虚构的城市时，他只是在回忆威尼斯，那座属于他个人的无形城市；卡尔维诺重复着马可·波罗的步伐，以威尼斯为基础建造想象中的城市。1983 年，他在哥伦比亚大学的演讲中解释道，这是因为：

> 无形城市就像一个梦想，诞生于我们所知的无法居住的城市核心地带……城市过度发展的危机正是自然世界危机的另一面。连绵又相似的"大都市"覆盖着地球表面，这样的形象在我的书中占据了主导地位。

卡尔维诺认为威尼斯是"大都市"的另一个极端对立面，是所有不成形城市的良方。这是忽必烈的巨大的地图集——包括了每个城市的介绍，精确到街道：

> 表格的目录是无止境的：直到每个城市都有自己的形态，新的城市会不断出现。城市的形态趋同，分崩离

析，城市就走到了尽头。在地图集的最后两页，涌现了没头没尾的城市网络，包括形态类似洛杉矶的城市，类似京都和大阪的城市，或者没有形态的城市。

城市是人类文明最高级的文化表现形式，在 20 世纪经历了前所未有的变革。城市容积已经增长到了夸张的规模，传统的城市形态已经被无限扩张的大都市和不断蔓延的人群扭曲。数以千万计的男女聚集于此，他们被社会进步的海市蜃楼诱惑，或仅仅为了一丝生存的概率而奋斗。比卡尔维诺的时代更甚，这些人的生存状况与催生原始城邦理念和形态的精神毫无关系。事实上，这些新的大都市正积极阻止人们实践公民道德，并阻碍民主进程。

公元前 371 年，希腊底比斯的将军伊巴密浓达（Epaminondas）在阿卡迪亚（Arcadia）新建了一座城市，以此对抗斯巴达政权。大都市（megalopolis）或"大城市（great city）"——这个词就是他为这座城市选择的名称——虽然只有几千居民，但他们从希腊的不同地方一拥而至，完全能称得上是一座"大城市"。在 1961 年出版的著作中，法国地理学家让·戈特曼（Jean Gottmann）提议用这个词特指波士顿 - 华盛顿走廊间的城市和城郊区域，使其成为一个更大整体的互补区，并称其为"东北城市群"。今天这个词已经被用来指代那些至少拥有 2000 万居民的新兴人口稠密城市群。

在日益扩大的城市中心，大规模的人口集中似乎势不可挡。在 19 世纪中期，世界上只有 3% 的人生活在城市。但是根据联合国 2014 年 7 月的报告，这一数字已经增长到了 54%，并且预计在 2030 年将增长到 70%，占总人口数的三分之二。1950 年时，只有 83 个城市的常住人口超过 100 万，而现在已有 500 多个城市超过了这一象征性阈值，且有 15 个大都市群的人口数超过 2000 万。其中，东京（3800 万）、广州（3200 万）、上海（3000 万）、雅加达（2600 万）、首尔（2500 万）、德里、卡拉奇、墨西哥城的人口都在 2400 万以上。城市在无限制地扩张，尤其是那些没有历史中心区的城市。例如在中国，由于利益的驱使，最简便的方法即是将历史街区无情地摧毁，只留下少量孤零零的遗迹。在更极端的例子中，尤其是在非洲，城市化进程往往伴随着人们的日益贫困，而那些人只是希望在城市中寻求更好的生活。根据联合国的预测，全球人口的七分之一，也就是约 10 亿人仍旧住在棚户区，那里根本不能被称为城市。类似乌干达和埃塞俄比亚等国家，城市区域将近 90% 的地方都是棚户区。大都市和棚户区之间形成了一种反常的联系。因此，在艾萨克·阿西莫夫（Isaac Asimov）所著的系列小说《基地》（Foundation）中，世界城市带——城市星球特兰托（Trantor）有 400 亿居民。这是一场噩梦，还是预言？

　　除了名字，这座城市和古代城邦没有任何关系。它的城市空间受制于生产方式，而聚集其中的人口就像在土堆中嗡嗡作响的白蚁。唯一的区别是他们中有些人有工作，而其他人只能空想而已（常常只是徒劳）。"大城市"的概念源于最大限度地剥削工人个体。毕竟，是工业——或者说是工厂，其数量从 19 世纪起就不断增长——引发了第一次人口和住宅的高密度聚集，使工人往返家和工厂之间的距离缩短，从而得以最大限度地提高生产力。在 18 世纪末 19 世纪初，这个宏伟的项目与欧洲其他跨时代的变革交织在一起：人口高速增长、识字率提高、营养状况改善、医疗保障提升、消费增长，它们的共同作用提高了生活水平。进步和现代化进程共同造就了这条道路，并连接了家和工厂、工业和城市。它使城市成为一个巨大的集聚体，个体可能在人群中迷失自我，但也同时能够看到成倍增加的就业机会和生活经历。

通过提高城市人口的生产力，这种共存的新模式适用于人口众多但无工厂的其他地方。在市郊贫民窟所构成的棚户区，在新移民寻求庇护却贫穷肆虐、没有就业前景的地方，充满了诡计、贸易回落和犯罪活动：所有这些元素一起构成了一种对更好生活和社会进步的渺茫的希望。这里诞生了一种根深蒂固的渴望，他们渴望成为蜂巢的一部分，在人群和信念中失去了自我。他们坚信只有成为一枚机器齿轮，甚至只有成为"现代"栖息地的一部分，才能过上幸福生活。新的行为方式带来的不可抗拒的诱惑，创造了一种新的自由观念，使个人可以融入茫茫人海中并关注生产和消费两方面的礼节，就像把旧的生活习惯留在乡下或小城市。这个转变的过程宣告着他们已告别了贫困生活的困境。

位于中国西南部的直辖市重庆，其突飞猛进的发展势头能很好地代表这样的态势。1930 年，重庆有 60 万常住人口。

但今天，重庆有3200万人口——在过去三年间又增加了300万——居住在这座由几百座摩天大楼组成的都市丛林中。其面积约为3.2万平方英里，以汽车制造业为主的产业在这里蓬勃发展（占全球总产量的18%）。这种模式一方面鼓励居住在乡下的人搬到城里去，并用国家补贴来促进城市化进程（为年轻人、学生和穷人提供住房）；另一方面，也严厉打击腐败者和犯罪分子。重庆经验强调了国家在经济和社会生活中扮演的角色，而广东模式则以相对自由的经济政策为特色。但在所有不同之外，这些不尽相同的发展模式都紧紧围绕巨型城市展开，因为重庆和广州人口都在3200万左右。

这会是城市发展的唯一模式吗？会是新世纪里我们脑海中新的无形城市吗？每个小城市是否最终都会发展成拥有无数地下管道、卫星城、高速公路并导致其他形式社会异化的大都市，这难道不可避免吗？人类的城市——或者说按人类规模建造的城市——让步于生产和消费的机器，每个人都是巨型机械的一枚齿轮，或是蜂巢中不知疲倦的工蜂。又或者，我们能够开辟出一条不同的道路，讲述另一个故事、另一个灵魂，以及另一座无形城市，来对抗城市圈的无情冲击吗？

尽管相似的项目以失败而告终——内蒙古的"鬼城"康巴什或许是最著名的案例。人们说，以重庆为代表的趋势终将胜出。但是，我们真的认为这种现象不可避免，认为它会征服世界，并取代所有其他的城市形式吗？或者，当我们想到未来的城市，分析它在历史上的特点和影响以及我们现在的宜居理念时，是否应该考虑其他选项？我们究竟是想推进还是破坏城市形态的多重性和多样性？从历史城市到大都市的转变不是连续的，而是一个巨大的转折点。威尼斯和重庆是不可还原的、完全不同的公共生活模式。因此，为了更好地了解和阐释重庆，我们不可避免地要考察威尼斯。

第五章　摩天大楼的语言

城市在蔓延，城市在扩张。以一种充满了确定性的希望，一种算术上的刺激，一种模仿的趋势：我们也应该去往有着300万人的巴黎，400万人的柏林，800万人的伦敦，如此等等。在雅典卫城或在塔楼里的地方议会中，这种城市的热望实际上是一种狂热。

上文为散文和小说家卡尔洛·埃米利奥·加达（Carlo Emilio Gadda）所写，并于1955年发表在颇有影响力的期刊《机器文明》（*civilita delle macchine*）上。他的预言并没有真正实现。罗马是意大利人口最稠密的城市，"只有"270万居民，就算包括更广泛的都市圈也依然只有420万左右。然而，它却触及了问题的核心：城市地方主义的"城市的热望"，即在现代性的聚光灯下，为城市升级而疯狂模仿大都市。受这种"模仿气质"的推动，这种虚荣的追求现在已过分关注于一个特殊计划——建造摩天大楼，更确切地说是建造越来越高的摩天大楼。这是一种描绘映射在高楼大厦图标上的社会进步和个人生活的廉价辞藻。这是一种焦虑的追逐，一场与向上趋势的对赌，试图以此去平衡由模糊又无限的"外来"威胁和害怕落后带来的焦虑。对复制的热情已经取代了对创造的喜悦，这是一种将全球同质化视为最高价值的自我忘却，导致多样性、文化例外主义和自我认知忠诚度的贬低。

话虽如此，意大利并不缺乏建造垂直建筑的努力：罗马帝国曾建造高达 8 层或 10 层的楼。由于建筑材料的限制（石块和木材），这些楼房从未达到 80 ~ 100 英尺（24.4 ~ 30.5 米）。这些住宅区的实例在奥斯提亚古城（Ostia Antica）依然可见。公元 2 世纪时，像朱韦纳尔（Juvenal）这样的作家已经在反对房地产投机商了。尽管有坍塌的风险，他们仍在建筑物的结构裂缝中涂满泥灰。建造于中世纪的石塔房甚至比罗马时代的前身们还要高，它们大多集中在大城市（13 世纪的佛罗伦萨有超过 200 座这样的建筑）。在圣吉米尼亚诺（San Gimignano）的天际线依然还可见到一些，其中一些高达 180 英尺（54.9 米）。博洛尼亚的阿西内利塔（Asinelli）有 318 英尺（96.9 米）高。更高的是为防御和宣扬威望而建的大教堂钟楼和市政厅塔楼：建于 13 世纪的克雷莫纳钟楼（Torrazzo of Cremona）高达 367 英尺（111.9 米）；位于摩德纳的吉尔兰迪纳塔楼（Torre della Ghirlandina，建于 12 ~ 13 世纪）高达 282 英尺（85.9 米）；锡耶纳的曼吉亚塔楼（Torre del Mangia）建于 13 世纪，它毗邻田野广场（Piazza del Campo）上的公共宫殿和市政厅，设计得和城市钟楼一样高，以此来象征国家和教会同样强大。

这样垂直竖立的塔楼就像城市上的一个个惊叹号：它们矗立在天际线的前端，在远处便可一览无余，极富象征意义地体现了公民认同和城市生活的尊严，突出了城市的声望和外观（如今我们能看到的最相近的就是奥维多这样的城市，它建在一座山丘之上，尽管人们只能从高速公路的观测点一睹它的全貌，但那却是一幅宏伟的景象）。意大利的许多城市需要按规定的城市标准，或依照常识和公民共识来建造塔楼、钟楼和教堂穹顶，使它们不超过特定的高度限制。锡耶纳的曼吉亚塔楼、摩德纳的吉尔兰迪纳塔楼、罗马的圣彼得大教堂穹顶、米兰大教堂顶端的玛利亚圣母像、都灵的安托内利尖塔（Mole Antonelliana）皆是如此。当然，它们都遵循一定非强制性的常规尺寸，因为这体现了（而且很大程度上仍然会体现）一种自我道德约束，或者说是一座有着自己独特设计、历史和灵魂的包容型城市，一个能独立思考的城市。然而，现实情况已不再如此。

不久之前，罗马前市长吉亚尼·阿莱马诺（Gianni Alemanno）放言，是时候去"打破禁忌"废除该市存在已久的规定，即该地区任何建筑的高度都不能超过圣彼得大教堂（436英尺，132.9米）。此外，他更是进一步建议"拆除罗马现有的郊区，以便在它们的原址上再建更密集的定居点"。究竟是什么让这些有着糟糕建筑风格的摩天大楼如此与众不同，使曾被普桑（Poussin）和里尔克（Rilke）深爱的罗马乡村遭受这般折磨？它们标志着一种新型城市理念的开端，抑或是构成了一个包围古城的荆棘冠冕？它们以牺牲自然环境和历史遗存为代价来弥补郊区的扩张，还是将其解体并融入吞噬圣彼得大教堂的大都市中？阿莱马诺以欧洲通天塔（Eurosky Tower）为例，认为它是"为那些想要生活在现代化的、享有盛誉的公寓里的人设计的，在那里能看到罗马天际线令人惊叹的景色"，而它的设计是"受到了中世纪时期市中心那些塔楼的启发"。罗马的历史建筑遗产被肆意开发，并成为对城市历史中心区的威胁，方便了新富们在他们公寓的高处尽情享受。

然而，被阿莱马诺视作荒谬禁忌的规定却与他的所想恰恰相反：这是一个经过充分考虑的选择，不仅蕴涵着丰富的历史和记忆遗产，还保留了赋予未来设计的潜在灵感。这个想法很简单：将罗马的城市形态作为未来发展的基础，从而将每一个新的创意和设计与城市的 DNA 相连，连接到它丰富的记忆库，以此让罗马的城市精神长存。就像歌德说过的，将建筑变成"第二天性，让其服务于社会"。手握繁盛，以敬先人。强迫建筑师——哪怕是最有影响力的那些——遵守崇敬古代遗产的规则。正如最伟大的诗人在作诗时也要遵循已有的格式——尽管诗人有时会打破规则限制，但他们只有在充分理解先人之后才能这样做，而不是从一开始就视若无睹。只有如此才能确保我们的子孙同遗迹和谐共存，就像我们的先人那样。然而，这些过时的态度已经被现在的过剩审美取代。它将现代化的摩天大楼作为自己体系的一部分，通过形成一套道德规范来塑造对市场力量的盲目信仰，并将其视为唯一的价值来源。

在现代性的背景下，摩天大楼这一建筑形式已经踮起脚尖登上了意大利的舞台。它们与罗马时期和中世纪时期的先例没有任何关系，是强迫人民接受的新鲜外来事物。即使是"摩天大楼"这个词本身，也是外来的英美概念，其词源来自跨大西洋船只上的"桅杆顶部轻帆"。19世纪时，这个词被用来指代芝加哥和纽约的最高建筑（即便如此，它们并不比罗马时期的房屋高，也远低于中世纪的塔楼）。意大利的第一座摩天大楼建于1932年，位于布雷西亚市中心的胜利广场（Piazza della Vittoria）。它的建筑师马尔切罗·皮亚森蒂尼（Marcello Piacentini）在摧毁了一整片中世纪街区后，将其重新设计。皮亚森蒂尼为托雷翁塔（Torrione，13层，高187英尺，57.0米）设计的方案，实际上是他参加《芝加哥论坛报》（Chicago Tribune）所举办的一场国际设计比赛的作品的翻版。此项比赛的举办初衷是设计该报的新总部大楼（即现在的论坛报大厦），但皮亚森蒂尼的方案甚至都没能入围。当时，托雷翁塔是欧洲最高的钢筋混凝土建筑，并为法西斯时代垂直建筑的更多实验树立了模本，以都灵的利托里亚塔（Torre Littoria，建于1934年，高285英尺，86.9米）和皮亚森蒂尼在热那亚所建的塔（建于1940年，高354英尺，107.7米）为始。至此之后，建造摩天大楼的风潮时起时落，如同意大利海滩上的潮起潮落。这里有一组数据：

	摩天大楼建造数量	最高高度（英尺）
1932 ~ 1940 年	5	354
1951 ~ 1970 年	13	417
1990 ~ 2000 年	12	423
2000 ~ 2014 年	28	757
目前计划	24	820

　　摩天大楼的类型偶尔会被改造成历史性的样貌以适应意大利城市：维拉斯加塔楼（Torre Velasca，高 351 英尺，107.0 米）由米兰的 BBPR 建筑联合事务所在 1958 年建造完成，建于被战争时期的轰炸摧毁的城区中。米兰、那不勒斯、热那亚和都灵有着众多的摩天大楼，而其中米兰和都灵是第一批打破已存续数百年的高度限制的城市。

　　罗马前市长并不是唯一一个持有这种观点的人，他们认为打破限制城市增长的桎梏便标志着自由的现代性。在米兰，大教堂顶部被称为金色圣母像（Madonnina）的圣母玛利亚雕像曾经标志着一个建筑被允许达到的最高点。如今，在发展进步的名义下，这种界限已被一再打破。第一个这么做的人是路易吉·马蒂奥尼（Luigi Mattioni）和他的布雷达塔（Torre Breda，高 383 英尺，166.7 米，建于 1954 年），随后又被皮埃尔·路易吉·奈尔维和吉奥·庞蒂的皮瑞里大厦（高 416 英尺，126.8 米，建于 1957 年）超越，而最近一次是伦巴第大区政府办公楼（Palazzo Lombardia，高 528 英尺，160.9 米，建于 2012 年）。然而，这些违规行为被某种仪式赦免——在每一个新纪录保持者的顶端放置一座圣母玛利亚像的复制品，而随着新纪录的诞生它又会矗立在新处。伦巴第大区政府办公楼顶端的那座雕像，由枢机主教迪奥尼吉·泰塔曼齐（Dionigi Tettamanzi）于 2010 年 1 月 31 日施以赐福。因此，建筑高度的限制不是被简简单单突破的。事实上，它们创造了一条新的规则，而这一规则对历史城市的 DNA 来说是完全是陌生的。越来越多的圣母玛利亚雕像被制造出来，或者同一个复制品从一幢大楼移到另一座，就像是现代版的库比蒂诺那神奇悬浮的圣约瑟夫（Saint Joseph）像。更甚者，米兰的新摩天大楼——有些正在建造中——竞相超越彼此，圣母玛利亚像要么随处可见，要么在空中游荡，从一个高处移到另一个。它们嘲笑过时的禁令，因为它们无处不在。

　　这座追逐着米兰工地从一个高处飞往另一个高处的雕像，是最新米兰大教堂"脆弱工厂"项目所设置的实例：将古代的大教堂改造成现代化的摩天大楼，包括沿塔安装一架 230 英尺（70.1 米）高的电梯，以及特别建造的一个屋顶露台和酒吧。人们认为在大教堂上建造这颗恶性肿瘤很有必要，因为它可以在 2015 年世博会到来之际吸引游客，也会成为新的收入来源。对所谓的"脆弱工厂"而言，这些都无足轻重，尽管这个项目为文化遗产、活动和旅游部及教会的天主教法典所反对。该法典明令禁止教堂的屋顶以被亵渎的方式使用（ad usum mere profanum ne adhibeantur）。然而，似乎安波罗修教会和米兰大都会主教都没有在大教堂商业化进程中嗅到这种粗劣的商业化的半点气息。

　　既然米兰站在突破高度限制的最前沿，为什么都灵不尝试效仿竞争对手呢？都灵的象征性建筑，即现在为国家电影博物馆的安托内利尖塔（Mole Antonelliana，高 550 英尺，167.6 米），在很长时间内就连利托里亚塔（Torre Littoria，建于 1934 年）都难以望其项背。伦佐·皮亚诺（Renzo Piano）所设计的意大利联合圣保罗银行总部的计划被广泛争论，其中就包括一座摩天大楼，建成后高度将达 650 英尺（198.1 米）。在随后的争议中，它的高度下降到 548 英尺（167.0 米），比安托内利尖塔矮了 24 英寸（0.6 米）。这个可笑的差距与其说是出于尊重，不如说更像是一记耳光。这同样也是对安托内利尖塔在彼时所获得的声望和成就的一种侮辱。尼采曾说，这是"建筑史上最出色的作品"，是"追求高度的绝对驱使力"，标志着"高度不可避免的命运，我们不可避免的命运"。和路易斯·沙利文（Louis Sullivan）设计的位于密苏里州圣路易斯市的温莱特大厦（Wainright Building，建于 1890 年）一样，它们是第一批现代化的摩天大楼。与此同时，马西米利亚诺·福克萨斯（Massimiliano Fuksas）正在皮埃蒙特地区建造的摩天大楼高度预计为 685 英尺（208.8 米），比安托内利尖塔高 130 英尺（39.6 米）。但这次，圣母玛利亚雕像将不会从一个建筑转移到另一个。在现代性的肤浅辞藻的名义下，遍布摩天大楼的新都市——无论是罗马、那不勒斯还是米兰，都没什么两样——坐落在历史中心，使它们陷入困境并取代它们。如同建筑师维托利奥·葛雷高第（Vittorio Gregotti）所说："摩天大楼主义将会让我们城市的形态分崩离析。"

米兰成为一个美式商业区，市中心因成片的摩天大楼而变得令人瞩目，就像洛杉矶一样。这并不是迟来的现代性的胜利，而仅仅是一个假象。好比在旧时的戏剧中，粗野的农民穿上了他最好的节日盛装，米兰为迎接2015年世博会而选择用摩天大楼般的钟声和哨声来装扮自己。然而，这并没有成功，反而使自己暴露在不安中。这也只是一个为了隐瞒过时事实的失败尝试，就像当人们感觉到自己老土时，会很急迫地跟风外国俗气的时尚，如同戴上一个面具。历史悠久的市中心同时被压垮和贬低，已经到了两种城市模式完全相抵触的地步。它们彼此对立，两者之间没有任何关联度或和谐感。它们的连接既不中立也并非毫无恶意，而是根据严格的维度和价值层级运行。这样一座摩天大楼之城从高度上占领了历史中心区，将自身放置在统治地位，以此将历史街区排挤到外围。这样的城市占据了主导地位，因为它由一群身价颇高的著名建筑师设计，是快速发展的现代化的标志。最终，这种形式也能够占据主导地位，因为这并没有什么实际效用，也不再满足人口增长的需要——在意大利是零，而只是把城市改造成一间尝试现代性的实验室。以下是米兰的人口数据，来自市政当局：

1880 年	305488
1920 年	684234
1950 年	1269005
1960 年	1521481
1973 年	1743427（最高值）

1983 年	1561438（与 1960 年相近）
2003 年	1271898（与 1955 年相近）
2012 年	1262101（与 1949 年相近）

我们可以看到，与经济繁荣时期和大量国内移民涌入时期相比，米兰在过去的 40 年里流失了近 50 万居民。尽管如此，2011 年由时任市长莱迪兹·莫拉蒂（Letizia Moratti）通过的市镇计划预计，米兰的人口将会持续增长，到 2030 年时将达到 1787637 人——尽管这并没有比 1973 年的数据高多少。这种武断的观点完全无视所有的经济预测、人口迁移或市区吸引力的变化，但已足够启动一项名为"米兰自己的选择"（Milano per scelta）的新举措：

> 这一举措受大卫·卡梅伦（David Cameron）大社会概念的启发，即在公共和社会领域中，国家和地方政府减少干预，而私营部门扮演更强有力的角色，实现社会的自我构建。

因此，该项目预测有"700 万平方米（7500 万平方英尺）建设用地，涉及 1800 万立方米（超过 5 亿立方英尺）的混凝土，并建设 26 个新街区"。艺术史学者和参议员朱利奥·卡尔洛·阿尔干（Giulio Carlo Argan）1990 年在意大利参议院发表了一份颇有影响的声明，其中指出"意大利人对预估不感兴趣，但对花钱很感兴趣"。对此，我们微笑并接受。

　　曾有一种假设认为，摩天大楼的存在将为米兰招来人口和繁荣，像苍蝇趋向蜂蜜一样。然而事实上，城市不断经历居民的流失，小说中的情节成为现实，尽管米兰正处于经济繁荣的轨道之上。但是这座城市所见证的繁荣被司法部门谴责的浪费和腐败吞噬。正如在米兰，摩天大楼的象征主义完全忽略人口预测和城市规划理念，并正在以一种自己的方式强加给所有的意大利城市一样，它只遵循社会文化的需要，通过展现一座成功城市的样板，与别处开展的各项活动保持一致。然而，沉迷于摩天大楼的意大利正在跟从一组什么样的范例？是100年前摩天大楼兴起之地的芝加哥，还是纽约？又或者已经把视线转向重庆、阿布扎比、新加坡或迪拜了吗？

　　威尼斯已经避开了这一趋势，还是会屈服于这一趋势？摩天大楼真的能复兴一座人口锐减的城市，一座有着钟楼、岛屿、环潟湖河道和桥梁的城市？这种趋势是否会通向这座城市所一直向往的"现代性"的通途？

第六章 城市形态：审美救赎

如果一座摩天大楼耸立在威尼斯，就需要有人去欣然宣告它的美丽。但是将摩天大楼引入历史城市并不只是一味用以实现迟到的现代化的良方：人们必须寻找一种方式弥补受经济利益驱使的房地产投机倾向，以及由此带来的社会问题，并将关注的重点转移到审美、技术和生态价值上。摩天大楼的新浪潮很大程度上是由当时的环境决定的。有时候，摩天大楼只是在已拥有众多高楼的城市天际线上增添了一笔。如在纽约或芝加哥，甚至是重庆和迪拜，这些城市近年来见证了摩天大楼雨后春笋般出现。有时一幢突兀的高楼会突然冒出，撕开原有的历史肌理，例如西萨·佩里（Cesar Pelli）在西班牙塞维利亚和智利圣地亚哥设计的大楼。位于塞维利亚的卡霍沙大楼（Cajasol Tower）高达 590 英尺（179.8 米），比曾是一座教堂钟楼的吉拉尔达塔（Giralda）高 249 英尺（75.9 米）。作为全世界最著名的建筑师之一的代表作，卡霍沙大楼是展示如何消除如塞维利亚这样精致的历史街区与圣地亚哥这般新兴的城市之间差别的最佳范例。另一个例子是伦敦的齐普赛街（Cheapside Streeet）。那里原有的城市功能和历史重要性被高楼大厦打破，使得克里斯托弗·雷恩（Christopher Wran）的圣保罗大教堂在一群高楼中显得那样矮小。这些建筑混合了不同风格和不同材料，以牺牲历史为代价增加了房地产的收入。高楼的扩张有时是有道理的，因为在有限的空间内需要容纳更多的人。香港正是如此，在每平方英里上生活有 3.7 万人，比罗马多几十倍。在其他情况下，摩天大楼的作用仅仅是支撑了城市现代化，并试图追赶这一建筑形式的发源地——美国。莫斯科的"七姐妹"建筑群所经历的正是这样的情形。这些大楼被莫斯科人称为"斯大林的高楼"——它们建造于冷战白热化时，如同法西斯时期的意大利或西班牙，抑或是如今的中国或波斯湾沿岸国家。

城市的高密度化和垂直化进程因此不受限制地推进，仿佛它是未来城市唯一可以想象的形态。三个因素共同促成了这一点：劳动力的集中和相应的社会管制措施，对适于建设的土地的投机以求实现该区域房地产价值的最大化，以及复杂技术的发展和通过建造大量高楼来展示城市成功的驱动力。2001 年 9 月 11 日纽约双子塔（Twin Towers）举世震惊的毁灭是一个重要的转折点。恐怖分子选中的这一目标象征了美国的经济实力，而它的倒塌也再一次更新并促进了摩天大楼作为现代和成功符号所扮演的角色。结果是，令人眼花缭乱的技术进步导致了一场建造世界上最高楼的竞赛，而这项桂冠如已经从美国转移到中国和阿拉伯世界。以下这些关于摩天大楼高度的数据不包括建筑尖塔和屋顶天线：

1870 年	纽约	洛杉矶公平人寿大厦	141 英尺
1889 年	芝加哥	会堂大厦	269 英尺
1901 年	费城	市政厅	511 英尺
1931 年	纽约	帝国大厦	1250 英尺
1972 年	纽约	双子塔	1368 英尺
1974 年	芝加哥	威利斯大厦	1450 英尺
1998 年	吉隆坡	石油双塔	1482 英尺
2004 年	台北	台北 101	1505 英尺
2008 年	上海	金融中心	1597 英尺
2010 年	麦加	皇家钟塔酒店	1971 英尺
2010 年	迪拜	哈利法塔	2716 英尺
2018 年	吉达	王国塔	3303 英尺

另一些正在建造中（部分）：

中国	深圳	平安金融中心	2165 英尺
	武汉	绿地中心	2086 英尺
	上海	上海塔	2073 英尺
韩国	首尔	乐天世界大厦	1820 英尺
	釜山	釜山塔	1673 英尺
	松岛	仁川塔	1597 英尺
印度	孟买	印度塔	2362 英尺
俄罗斯	莫斯科	联邦大厦	1669 英尺
朝鲜	平壤	柳京大酒店	1082 英尺

　　这些大楼的名字透露出一种渴望：他们想要打造一座可以获得全民族认同（印度塔）或对其政治结构加以肯定（王

国塔、联邦大厦）的地标性建筑。摩天大楼的建造正在加速。2005 年时，达到 200 米（656 英尺）高度的大厦有 32 座，而到了 2011 年这个数字就飞涨到 88 座。2012 年，安波利斯摩天大楼奖（Emporis Skyscraper Award，第一届始于 2000 年）评审组收到了 300 个提名，并最终将第一名颁给了位于多伦多近郊密西沙加的绝世大厦（Absolute World Towers）。

现在，建造世界最高楼的比赛仅仅是一个开端。1956 年，弗兰克·劳埃德·赖特（Frank Lloyd Wright）宣布了他为芝加哥设计的高达 1 英里（1609.3 米）的大厦蓝图，该大厦名为伊利诺伊大厦（The Illinois）。位于沙特阿拉伯吉达（Jeddah）的王国塔（Kingdom Tower）是这个项目的延续，在确定建筑高度为 1000 米之前，它原本的目标是 1 英里。然而，赖特在其所著的《消失的城市》（*The Disappearing City*，1932）中计划要为家庭建造一座平面化城市，并提出了名为"广亩城市"（Broadacre City）的城郊发展模式理念。在这座城市中，每户家庭都会拥有 1 英亩（约 4046.9 平方米）的土地。这很好，因为这样的整数（1 英里、1 千米）既让人惊叹，又有象征意义。罗马的考威尔住房项目（Corviale Housing Project）"长度为 1 千米"，其长度就是一个很好的例子。但一旦这个数字变成纵向的，它的意义就将完全改变，因为它蕴涵了人类克服障碍的自豪感，并以此设定了我们想要突破的极限。巧合的是，有相当一些 1000 米高的摩天大楼计划建在科威特［一千零一夜塔（Burj Mubarak al-Kabir），高度为 1001 米（3284 英尺），用来回应《一千零一夜》的故事］、迪拜、迈阿密和东京。上海的仿生塔（Bionic Tower）计划达到 1228 米（4029 英尺）的高度。千年挑战塔（Millennium Challenge Tower）的高度将达到 1 海里（6076 英尺，1852 米），其方案由一位意大利建筑师为其在科威特的潜在客户设计。那么，这是否意味着我们很快就会见到高达 1 英里、2 英里或 3 英里的建筑？这是仅仅以竞赛为名义，抑或是以竞赛为目的？

位于马萨诸塞州剑桥市的美国国家经济研究局（National Bureau of Economic Research）曾于 2010 年发表了一篇研究报告。在这份报告中，威廉·葛茨曼（William Goetzmann）和福兰克·纽曼（Frank Newman）认为构成纽约天际线的高楼"不仅是一场建筑变革，更是遍布各地的金融现象的集中体现"，并反映出股票市场的投机行为和房地产投资增长的需求。然而，这没有考虑到尽管"金融市场的乐观主义可以生产钢铁，但无法让建筑自身来负担这笔开支"［事实上，摩天大楼常常被空置好几年，其中一个例子就是大卫塔（Tower of David）。这座尚未完工的建筑位于加拉加斯，其 45 层楼原本将成为一座金融中心，但现在已沦为 3000 个棚户的容身之所，被称为"世界上最高的贫民窟"］。图 1 显示了纽约在 1890 年到 2010 年间所建的摩天大楼，而它与现代城市的天际线极为相似，这并非巧合。

即使在中国，摩天大楼也是资本崇拜的象征。它们不论当地环境情况而快速蔓延全球，这已经成为新自由主义在建

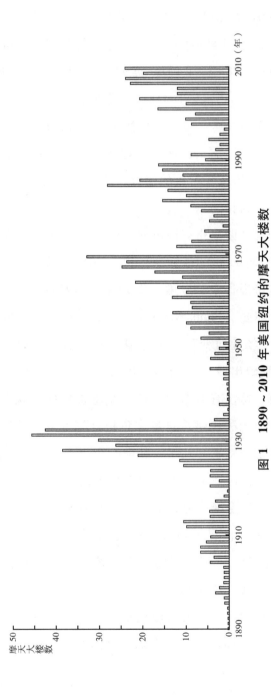

图 1 1890 ~ 2010 年美国纽约的摩天大楼数

筑领域胜利的表现，甚至是一种文明完全屈从于市场力量的象征，而不再仅仅是一种隐喻。市场以钱生钱，而非通过生产。财富只掌握在少数人手中，而不受法律和民主的影响，这就是新自由主义的核心法则。大厦巨人症完美地遵守了这一法则，也很好地体现了建造者、所有者（借用占领运动的语言来说，即 1%）与实际工作者、居住者之间的不平衡性（剩下的 99%）。

摩天大楼这种新建筑形式的经济基础和社会后果被系统性地隐藏和模糊，好像这种新的城市形态只是来源于不为人见的自然法则。我们要问自己的首要问题是，居住在水平城市和垂直城市哪个更好。然而，有时这个问题会被陈腐的竞争性言论、技术或美学救赎观念推到一边。这些争论和观念始于似乎违背惯性规律的结构和形状，不仅因为它们的高度，也因为它们的外观。梦露大厦 1 号楼在安大略湖的密西沙加，高 590 英尺（179.8 米），有 56 层。它的外观为椭圆形，在每一个水平面上旋转 1~8 度，相较于楼基的累积旋转度为 209 度。这种扭曲的形状（在内部设计档案中标为"妖娆"）使这幢建筑被俗称为玛丽莲·梦露大厦（Marilyn Monroe Tower）。1995 年，圣地亚哥·卡拉特拉瓦（Santiago Calatrava）已经在瑞典的马尔默建造了他的旋转大楼。它由一系列每个高 5 层的五边形构成，扭曲着向上叠加，形成了一座 54 层楼的公寓大厦。因此，在瑞典和加拿大，拟人化弥补了高楼大厦的非人性化，以此伴装它们的形状实际上是在模仿人体形态。

　　同样的，西萨·佩里在塞维利亚和圣地亚哥的大楼常被看作巨大阳具的象征。这种广为流传的比喻显示了建筑如何成为控制、强迫和展示权力的一种形式。这在男性中心主义的社会中尤为突出，因为在这样的社会中强奸常被认为是一种美德。摩天大楼所代表的是处于主导地位的男性，迫使城市或女性屈从于他们。或者，用代表现代化的摩天大楼来滋养城市的历史中心区。这就是垂直城市与水平城市间的对立。金融市场的竞争意识已经感染了建筑业的观念。这种与高度相关的修辞意味着，即使是一群摩天大楼也不足以构成一个令人印象深刻的地标，除非其中一个鹤立鸡群。设计企业、建筑公司和市政当局所发布的公告似乎表明，新的摩天大楼必须凌驾于它身旁的其他建筑物。"相形见绌"（dwarf）在这里指的是该大楼必须高过周边的一切建筑，即便在词源学中，这个词原本的意思是"使人变矮小，或阻止其正常发展"。然而，当代建筑这种阳性的、专制的拟人化比喻也根植于日常语言之中，即大人物总是战胜小人物，富人战胜穷人，新事物战胜旧事物。技术的胜利广受欢迎，金钱的权力也隐藏于暗处。但是，它们是一枚硬币的两个面，是对市场如何完全支配我们社会的一种深层比喻。

　　审美、技术和生态常常交织在一起，为宣传这一新的高度化建筑结构提供了概念框架。在"动态建筑"（dynamic architecture）的热潮中，全世界都在规划和建造扭曲形的摩天大楼，以各自的方式趋同于比萨斜塔，使更高的大楼看起来就像会随时倒下。摩天大楼的形状有像蔬菜、贝壳、巨型章鱼足，或是像巨大的蛋、能刺破云层的异常锋利的针、巨型水晶碎片、形状无法想象的船帆，或是层层叠叠的立方体和球体，甚至像巨大无比的刀。芝加哥的水族塔大厦［Aqua Tower，82 层，高 860 英尺（262.1 米）］，尽管它其实是垂直的，但每层都是不规则的形状，以此模仿波浪起伏的水面。博物馆建筑也正在经历类似的发展。弗兰克·盖里（Frank Gehry）设计的古根海姆博物馆是另一个极佳的例子，其建筑结构从远处可以视为一座雕像。这种情况被艺术评论家詹姆斯·霍尔（James Hall）称为"雕塑建筑"（scul-chitecture）。这种建筑形状如此特别，以至于它一落成就马上成为当地的地标，也因此成为该建筑师的经典作品之一。甚至是位于米兰的"城市生活"（CityLife）综合体的三座新大厦——被当地人俗称为"直的"、"弯的"、"驼背的"——都是基于这些新的设计，而且它们也采用了受人体启发的拟人手法。

当成为拥有上千居民的自足型垂直城市后，一般的现代化大厦往往会被分隔为几个功能区，包含餐厅、商店、公寓、办公室、便利设施、电梯及地铁入口，以及公园和绿树成荫的广场。所有这些都配有最新的技术以产生清洁能源。更不用说居住在这样高楼中的人们将能呼吸到新鲜空气，从而摆脱污染，就像在广告中所说的那样。生态的托词是摩天大楼得以蔓延的驱动力之一。事实上，"生态大楼"（eco-skyscrapers）或"生态塔"（eco-towers）已经出现了。在日本，受这些概念启发，两座巨大的垂直城市已经在计划之中。全息塔（Holonic Towers）和天空之城（Sky City）的高度将达到 3280 英尺 (980.8 米), 计划可容纳 3.6 万名长期居民, 并可为 10 万名上班族提供工作岗位。类似这样的建筑往往成群排列, 绿化空间常常被设计在两座建筑物之间。这在星期日散步时非常实用。"城市森林" (urban forest) 这一说法就是另外一种比喻, 用来描述在这些新的大都市中紧密聚集的摩天大楼——比如重庆, 也指穿插于其中的树木和花园。

有机形状、拟人隐喻、生态效益、空中花园和建造 "村庄" 及 "街区", 这些都指向一个意图: 对摩天大楼这一城市形态的审美救赎。名字、建筑、形状和功能用作把对环境和城市文化的破坏进行模糊化处理。吞噬成千上万男女的巨大空间因此变得毫无恶意, 甚至是 "舒适" 和愉悦的。这些别称让它们听起来对你我这样的普通人不那么有攻击性。一些必要的考虑, 例如居民的居住条件或必需的金融设施等, 都被抽象现代化的名义忽略了。人们要么不知道, 要么并不想知道该如何在平等、民主或 "良好生活" 等问题上与这样的妥协进行抗争。

在这场奔向巨人症的竞赛中, 意大利长期缺席。它似乎将自己置于紧追的毁灭性尝试中并勇往直前, 将自己变得具有现代性, 以满足当地的需求。"这种市民的渴望"——作家卡尔洛·埃米利奥·加达可能说过——认为摩天大楼是现代性的核心骨干, 它们可以拯救这个被认为缺少现代建筑的国家。当然, 如果我们忘记过去 60 年间在这里能看见的那些颇具规模的现代建筑, 例如环绕着大多数城市的肮脏街区, 它们由腐败而短视的政策所造成。建筑师和工程师屈从于退化的品位。这个国家的建筑创造力一度达到非凡的水平，如今却也受其影响，而这种影响更是传播到了全世界。摩天大楼并不会"修复边缘"，就像伦佐·皮亚诺的口号所说的那样。相反，我们希望采用真正的解决方案去重建城市生活，使公民和城市观念得以恢复和谐。然而，当代建造摩天大楼的竞赛贬低和挤压了历史城市，使它们在我们脑海中的地位逐渐弱化，迫使我们内心的无形城市以前所未有的方式发生转变。甚至在第一座摩天大楼建造、设计或想象之前，垂直城市的概念也一直被认为是理所当然的，这与我们对现代性的憧憬分不开。摩天大楼蚕食了古代城市形态，使之降级为一个代表着遥远过去的象征性遗迹。这种遗迹之上必须有其他物品矗立，或被它们征服，并以此忽视圣彼得大教堂、安托内利尖塔和所有的大教堂与钟楼。正如诗人贾科莫·莱奥帕尔迪（Giacomo Leopardi）所说："城墙和拱门，柱子和雕像，孤独的塔和我们的祖先。"即使是在威尼斯。

如果无大厦就不成现代性的话，那么最终威尼斯无论如何必须去适应或遵守这条准则。"阿奎尔塔 2060"项目（Aqualta 2060）一定就是由此而来。这个项目初次亮相于 2010 年的威尼斯双年展，由比利时建筑师儒连·德·斯曼特（Julien De Smedt）和他的 JDS 工作室所构想。这个构想旨在将威尼斯从不断上升的水平面中拯救出来，通过在人工岛屿上建造一圈环形大楼达到类似水坝的效果，使真正的威尼斯人可以再度入住其中。就像工作室的网站所说（尽管其英语表述并不完全准确）：

　　当展望不那么遥远的未来时，有一些事情是我们可以确定的：海平面会上升，全球变暖会影响气候。Aqualta 是描述这样场景的一次尝试：如何保护城市使其免受海洋威胁？如果我们考虑建造一个新的边缘，一座线性城市从水中出现以环绕威尼斯，以此为威尼斯提供保护其历史街区的新框架与新视角，这个城市会变得怎样？这会是一个在威尼斯展开的滨水区：如果气候变暖，为什么不把它当成一个被热带植物淹没的长滩，让它成为意大利的古巴卡巴那。一个幻想的幻想：老威尼斯城俯瞰依帕内玛湾，一个以前不为人知的威尼斯会成为新城海滩和房屋的辉煌背景。

　　这是一种挑衅，还是一个预言？不管其意图如何，这段文字包含两层重要含义：一方面，它希望将威尼斯从其历史和地理背景中剥离出来，一种有趣的方式将它与世界上其他地区相比，仿佛成了里约热内卢的一个时髦郊区；另一方面，它把威尼斯视为一个不适宜居住的城市，只能像看一幅全景图（比如画、明信片，甚至是电视广告）一般从远处欣赏，而非由男人和女人所构成的生活社区。因此，为了保留历史城市，人们必须重新把它当成一个"辉煌背景"，让那些在摩天大楼里而事实上却离其很远的人去尽情享受，尽管他们也可以在星期日出游的路途中欣赏它。留在这里的威尼斯人将因此变成水族馆里的鱼，让其他人可以从周围高楼通过双筒望远镜观赏。人们也有可能强迫他们戴假发、穿衬裙，装扮成某个主题公园的人物，甚至是幽灵。就像在瘟疫、战争和地震之后经常发生的那样，总有人从灾难中获利。哪怕是全球变暖，也是一个能从中获利的灾难，至少对那些认为威尼斯应该建造摩天大楼的人而言如此。在那里，这批人得以放松享受，就像他们频繁光顾古巴卡巴那海滩一样。JDS 工作室的威尼斯 2.0 项目正是这样一个计划（有趣的是，这个项目的负责人是在威尼斯受教育的意大利人）。

　　一个自相矛盾的连续体贯穿了威尼斯所有的蜕变：城市的独一无二性对其廉价现代性而言是一根尖锐的刺。陈旧而难以忍受的城市形态是一座城市必须面对的生死挑战，它迫使威尼斯同化成与其他城市没有什么不同。这就是它被称为理论验证实验室的原因，就像威尼斯 2.0 项目。一座城市假装去振兴垂死的身体，却玷污了它的历史和灵魂。就像一个医生充满关切地冲到病人身边，只是为了给他打一剂致命的药物。因此，让我们问问自己以下的问题：威尼斯的独一无二性〔这是地球上唯一一座这样的城市：人们的脚步声不会淹没在不息的车流中，人们依然可以听到如罗斯金（Ruskin）所说的水波冲刷码头和"威尼斯之石"的声音〕，会是救治摩天大楼这种单调文化的良方吗？

　　在意大利，纪念碑的结构象征着权威和权力意志，它们的文学性修辞立即使人想起贝尼托·墨索里尼在 1925 年 12 月 31 日所做的那场华而不实的演讲。他声称："在必要的时候，我们历史上永恒的纪念碑必须挺立在孤芳自赏中。"他建议人为地隔离罗马时代的遗迹，使它们得以处于见证者的立场。但它们要见证的不是旧帝国的荣耀,而是他所试图建立的新帝国。尽管它们的外观相互冲突,但是一种无声的亲切感将古代遗迹与现代摩天大楼的范式和修辞联系起来,自上而下地俯视城市的历史街区。威尼斯不可能远离危险的幻想。时尚设计师皮尔·卡丹(Pierre Cardin,他的家庭源于威内托,他也出生于此)曾制定过一个项目,计划在马格拉的工业区建造一座摩天大楼。该项目被称为卢米埃尔宫(Palais Lumiere),是一座高达 820 英尺(249.9 米)的巨大建筑。Alqualta 是一个用于检测公众对征服威尼斯历史街区态度的尝试。与此不同,一些人对卡丹的计划赞不绝口,因为这个构想来自一位伟大的时尚设计师。而且,这个计划发布于一场媒体行动中,而卡丹的摩天大楼被描述成一种为垂死城市重新注入生命的方法。卡丹的项目启动于 2012 年,却在激烈的争论中被搁置了。那么,威尼斯最终是否会像在 Aqualta 中描绘的那样,被一圈摩天大楼环绕?或者说,它的历史街区会在高楼的对比之下相形见绌,变成一个在年轻健壮的巨人面前显得局促不安的衰老矮子?

第七章　威尼斯价值几何？

如果威尼斯对外出售的话，它的市场价将是多少呢？尽管没有人问出这样一个奇怪或愚蠢的问题，但如今不仅在威尼斯，在全意大利这都已经是一个热门话题了。2010 年，时任总理西尔维奥·贝卢斯科尼（Silvio Berlusconi）和负责立法改革的部长罗伯托·卡尔代罗利（Roberto Calderoli）签署生效并颁布了《联邦财产法令》，并获得了包括朱利奥·特雷蒙蒂（Giulio Tremonti）、翁贝托·波希（Umberto Bossi）、罗伯托·马罗尼（Roberto Maroni）和拉斐尔·菲多（Raffaele Fitto）在内的意大利各位"国父"的支持。借此，《意大利共和国官方公报》（*Official Gazette of the Italian Republic*）和意大利国有资产管理局（Agenzia del Demanio）无耻地发布了一份公共遗产列表，并在一旁边标注了价格。威尼斯市政当局有76 份遗产在这张列表中，包括：

切尔托萨岛(La Certosa Island)　　　　　　　　28854000 欧元

丹尼勒曼宁堡(Batteria Daniele Manin)　　　　　3885276 欧元

利多岛上的莫罗西尼堡(Morosini Fort on the Lido)　1936340 欧元

骑兵营(Caserma di cavalleria)　　　　　　　　　1719864 欧元

圣巴尔托洛梅奥广场,国家档案馆
(State Archives,Campo San Bartolomeo)　　　　1198702 欧元

圣十字大教堂(Fabbricato urbano,Santa Croce)　900000 欧元

旧法西奥大楼(former Casa del Fascio)　　　　　461740 欧元

　　没有人可以冷静地看完这份长达 536 页的列表（第二份列表于 2011 年 5 月 13 日发布，长度增加到 720 页）。我们也因此知道位于科蒂纳丹佩佐（Cortina d'Ampezzo）的克里斯塔洛山（Mont Cristallo）价值 1474262.92 欧元，一分不多，一分不少。卢卡（Lucca）的尼古拉·马基雅维利高中（Nicolo Machiavelli High School）价值 1417702 欧元。位于那不勒斯的公民工程集团（Genio Civile）总部价值 14978541 欧元。以上等等，不一而足。受益于《卡尔代罗利法案》（Calderoli Act），曾经属于全体意大利人的公共遗产，现在被个别市政府从全体公民手中偷了过来，成了它们的专有财产。用历史学家和记者埃内斯托·加利·德拉罗奇阿（Ernesto Galli della Loggia）的话来说，我们因此变成了"不属于意大利的意大利人"，而这完全违背了宪法。最近的一个例子是当局试图出售威尼斯的波维利亚岛（Poveglia Island）。该岛位于威尼斯和利多岛之间的潟湖中，尽管有私人企业提出了一份价值 513000 欧元的报价，最终仍未获成功。而这次行动刺激了公众去筹措资金，以确保该岛可以继续向公众开放。

也许有人会认为，我们如今看到的这些可笑的数字，只是用于计算投资价值的粗略估计，是为了让国家手中的公共资产流向相关的各个市政府。然而，情况并非如此。事实上，一旦所有权发生变更，这些资产和遗址中的大多数会马上可以向私人企业和投资者出售。事实上，《卡尔代罗利法案》的目的就是将政府手中的这些资产分发给私人房地产基金。此外，由于另一条法规要求市政府在年度预算报告中提供"房地产出售情况"，所以它们正在想方设法尽可能地变卖掉文物遗产。因此，意大利最高法院的退休法官保罗·玛塔连那（Paolo Maddalena）的观点非常正确：

> 那些由我们选出的代表的思想，已经被那些以金钱和数字为重的理论蒙蔽，而忽视了公民个体、公民机构乃至整个国家的命运……这些立法措施格外令人不安，它们违背了宪法和法律的精神。事实上，它一举违反了宪法中的九个条款。

这种细致的价值计算方式把意大利变成了一个巨大的房地产市场，任何有能力负担的人都能推着购物车在这里挑选，将喜欢的建筑或景点选中，然后购买它们。我们无法眼睁睁地看着文化倒退，尤其在这种受到官方机构认可的情况下。事实上，经济与财政部和意大利国有资产管理局将每一座山、每一所学校和每一个营房都标注了价格。这些机构依照宪法规定，负责保护这些公共财产。然而，它们事实上正在助推国家的拆分。这样的行为至今已持续了 20 年，它们背叛宪法但不负罪责，将自己从公共资产的看护者变为私人利益的代言人。可能克里斯塔洛山和切尔托萨岛永远不会被买走，但这更有可能是因为它们价码太高，或者并不能为所有者带来高的税收收益，而不是因为它们属于全体意大利人。将文化遗产打上价签并通过网络传播这一消息的行为，打破了国家对这些遗产不可剥夺的所有权（人民主权的本质属性）与商品销售之间的界限，践踏了宪法、公共利益和国家历史。

但是，将一切物品标价的习惯并没有停止。2014 年，一则新闻由《金融时报》（*Financial Times*）首次披露，并随后被意大利所有的日报转载。在这则新闻中，意大利国家总审计师和审计院威胁起诉征信评级机构标准普尔公司（Standard & Poor's），因其决定降低意大利的信用评级，而在这一过程中无视其历史和文化的财富价值。

《意大利晚邮报》在 2014 年 2 月 5 日的报道中写道："在公共预算中，《神曲》（*Divine Comedy*）、电影《甜蜜的生活》（*La Dolce Vita*）或米开朗琪罗的西斯廷教堂值多少钱呢？意大利宏伟的历史、艺术和千年来累积的文学遗产，在决定国家的财富时会扮演什么样的角色呢？根据总审计师所说，这些会严重影响意大利的信誉等级。"

也正是基于这样的论点，意大利计划控告标准普尔公司并要求其赔偿 2340 亿欧元。这对意大利的文化和总体市场价值来说是一项公平的评估吗？它真的能对意大利的每一寸土地、每一座教堂、意大利语的每一个单词、阿尔卑斯山外的每一片风景、乌菲齐美术馆（Uffizi Gallery）里的每一幅画、阿里奥斯托（Ariosto）纸上的每一章诗节、安东尼奥尼（Antonioni）的每一部电影负责吗？这个金额是否也包括了每一名意大利公民的价值？

分析这个怪诞新闻故事的每一方面，不论是否决、反对否决、专家评论还是对其快速的遗忘，在这里几乎都不重要。真正重要的是，这种成本计算得到了认真对待。在一段《意大利共和报》的采访中，经济学家保罗·列昂（Paolo Leon）非常坚持这个主题："想要计算出罗马斗兽场值多少钱很容易，有人早已做过。但想要计算出但丁·阿利盖利（Dante Alighieri）的价值，就非常困难了"，因为"信用评价公司只对遗产的使用性市场价值感兴趣"。他给我们提供了一个例子，引用在费拉拉的文艺复兴墙上的话来说：

> 我们非常了解这些墙占据了多少空间，也很清楚它们限制了可供城市扩张的空间。如果考虑到几百年来的发展，结合在房地产投机中所失去的机会和费拉拉城墙的内在美，我们就能对它们有多少价值有一个大致的概念，也能让我们更好地理解并尽全力去保护它们。

鉴于这些话发布于意大利首屈一指的报纸上，我们不妨从字面意思理解这个论点：人们从中可得出，公共资产是否应该受到保护取决于它所在土地的市场价值，并不包括在其上建筑物的价值，或它们的"内在美"。当然，当制宪会议讨论并最终通过宪法第九条时，意大利立法者的头脑中从未出现过这种想法："共和国推动文化、科技研究的发展，并保护国家的自然景观和历史艺术遗产。"

但很明显，费拉拉城墙（以及卢卡的城墙，或都灵、佛罗伦萨、巴勒莫的广场）已经"限制了城市可能的扩张空间"。换句话说，土地使用最正常的方式是房地产投机，因为这样在今天或明天即可获得收益。而那些建于昨日的建筑虽然仍有其价值，但已无关紧要，因为它们最终都将"限制可用空间"，也会限制带来的收益。（但是，如果城市的某个区域正是因为在墙附近而变得更有价值呢？）因此，以威尼斯为例，如果想要估算圣马可教堂的价值，就先要估算它所占土地的面积，而这片土地本可用来建造摩天大楼。或者，罗马斗兽场的价值取决于在它所占的土地上建造一座摩天大楼价值几何。如果庞贝城的考古遗址与其所在的土地价值相等，那么黑手党首领及其建筑公司就可以推倒所有这些考古遗址，在这块土地上建造一座贫民窟。这就是威尼斯的价值所在：只有开发房地产项目，岛屿上的建筑才会和土地一样有价值。有人能计算出这一切真正的价值吗？当然有可能，因为我们都乐于将所有物品打上价签。有可能某个地方的某个人已经计算出来了。我们无法理解，有些东西是无法用金钱——或不该用金钱——购买的，因为它们是无价的。不是因为城市有了城墙、房屋和教堂而存在，而是因为无形的城市如果没有了这些城墙、房屋和教堂，它本身也将不复存在。在威尼斯，当然也包括桥梁与河道。

把罗马斗兽场、丁托列托（Tintoretto）、《甜蜜的生活》（*La Dolce Vita*）、马基亚维利、贝尼尼（Bernini）和《茶花女》（*La Traviata*）放进同一辆购物车里，这可能吗？明智吗？值得称赞吗？我们有权问问那些满脑子计算这些遗产价值的人。首先，西斯廷教堂排除在外：如果它有任何价值的话，它将主要用于宣扬梵蒂冈的信誉。但是回到意大利，卡拉瓦乔（Caravaggio）值多少钱呢（我并不是指他的一幅画作）？如何才能把但丁和彼特拉克（Petrarch）打上价签？那么罗马帝国呢，该如何计算它的价值？这里还不包括意大利的其他创造性成就，从十四行诗到钢琴曲，从抒情歌剧到教皇职位（也应该包括黑手党吗？），或是伽利略（Galileo）、伏特（Volta）和马可尼（Marconi）。如果提到《埃涅阿斯纪》（*The Aeneid*）和《十日谈》（*The Decameron*），那么什么是它们"资产使用权的市场价值"？通过重复那些无聊的"石油储备"口头禅，我们将自己训练成了赚钱好手，以此降低文化遗产的地位，以便于清空库存而提现，不为后代留下任何东西。但是，我们的文化遗产跟石油并没有多大关系。它是我们正在呼吸的空气、脉搏中流动的血液，它们共同构成我们身体的血肉。宪法第九条明确指出，为了公民利益要保护"国家的艺术遗产"——换句话说，即个人的理智和记忆的贮藏室。人们不能对此标价，要求标准普尔公司赔偿的2340亿欧元也不足以支付但丁的三行诗（或荷马、莎士比亚的），或是罗西尼的一张便条、拉斐尔的一笔。这不仅是因为但丁三行诗的价值在于它连接了《神曲》中的其他章节，更是因为它是连接佛罗伦萨、意大利和欧洲历史的纽带，直至今日。投机市场在这种错综复杂的艺术和社会关系中所定的任何价格，都与卑劣的谎言无异。

我们不应该与那些自称为评价者的人有相似的观点，而应该认真地思考他人对文化遗产真正价值的反思。人们只需要穿过阿尔卑斯山前往法国。一份由莫里斯·列维（Maurice Levy）和让·皮埃尔·于埃（Jean-Pierre Jouyet）撰写的名为《非物质经济：明天的发展》（"The Economy of the Immaterial：The Growth of Tomorrow"）的报告指出，非物质价值（指那些无价财产）是未来发展的基础。这篇文章在开头便指出："我们拥有唯一且无尽的财富资源来滋养未来的发展和繁荣，那就是男男女女的才能和激情。"才能和激情受文化记忆的启发。报告受法国经济部的委托写于 2006 年，时任总统是雅克·希拉克（Jacques Chirac）。报告在结尾处写道，非物质价值"隐藏了巨大的发展潜力，可以刺激法国经济，提供成千上万的工作岗位，同时也可以保护那些濒危的遗产"。

任何一名意大利经济部长，任何一名文化遗产部长，都从未如此说过。事实上，意大利的任何政府高层都没有花哪怕一点点力气去捍卫我们文化遗产的非物质价值。

威尼斯是无价的。无形城市已经渗透进了道路和桥梁的每一块石头、河道里的每一滴水，形成了一张紧密的网络，一张由有力的事实和行动、记忆和文字、美和历史组成的网络。但是，威尼斯现在受到了约翰·梅纳德·凯恩斯（John

Maynard Keynes）所定义的"对会计师的噩梦拙劣的模仿"的威胁。换句话说，卑鄙并带有偏见的观点认为，任何东西都应有其价格标签。或者说，只有钱才是重要的：

人类在 19 世纪建造了棚户，而非用他们快速增长的物质和技术资源来建造一座奇迹之城。他们认为建造棚户是正确的、可取的，因为对私人企业而言，棚户是"有偿的"。而他们认为，奇迹之城是一种愚蠢的挥霍行为。用金融时尚的愚蠢术语来说，是"以未来为抵押"。但是，今日伟大而光荣的作品如何能使未来变得贫瘠，直到人们的思想被毫无关联的计算彻底打乱也依然无从得知。直至今日，我花费很多的时间——一半是浪费的，但我也必须承认，另一半是成功的——试图说服我们的公民，只要无业人员和闲置机器发动起来去建造更多的房屋，而不是整日无所事事，那么整个国家一定会更富有。出于对金融系统的信赖，这一代人的思想仍旧被虚假的计算蒙蔽，不相信显而易见的结论，因为它让人怀疑这些行动是否会"有回报"。我们必须保持贫穷，因为富裕并不需要"付出代价"。我们必须住在棚户中，不是因为我们不能建造宫殿，而是因为我们"负担不起"。

这样的自我毁灭性财务计算法则支配着各行各业。我们摧毁了乡村之美，因为未被开发的精彩风景没有经济价值。我们能熄灭太阳和星光，因为它们并没有支付红利。

如果凯恩斯设想的奇迹之城已经存在，那会怎样？如果它的名字是威尼斯呢？或者，如果威尼斯可以变成这样的城市，又会怎样？

第八章　保护的悖论，再用的诗意

在罗马时期，雅典小心翼翼地保存着忒修斯之船。神话中英雄打败人身牛首的怪物后，就是乘坐这艘船从克里特岛返回的。由于木质结构随着时间慢慢变朽，旧的木板逐渐被新的替换。因此，就像普鲁塔克（Plutarch）在《忒修斯传》（*Life of Theseus*）中所描绘的那样，这艘船"成了一个长期可用的例证。每当哲学家在发展问题上出现争论时，就会引用这个例子。有人认为这是同一艘船，其他人则不那么认为"。这艘可见的、有形的船只总在变化，它的木板需要持续更换。但它仍是同一艘船，因为从本质上说，每一块木板必须和旧的一模一样，所以无形的整体并没有真正改变。在这种保护悖论的东方模式中，日本三重县的伊势神宫是最好的例子。从 7 世纪起，它每 20 年就被例行拆毁并重建。然而每次重建时，都会将一根毫无建筑用处的柱子放置在原位之前。罗伯特·辛格（Robert Singer）是洛杉矶郡立美术馆的日本艺术策展人。在担任我访问日本期间的向导时，他说过："日本最古老的庙宇也没有超过 20 年。"新的神庙会被建在单独的平台上，旁边的空地就是先前神庙所在的位置，也是下一次重建时的位置。这正是填充与空置之间、继承与中断之间的最佳表现形式。它在人与自然的持续更迭中体现了神道教信仰，同时也是将建筑技艺传递给下一代的一种方式。现在的这座神庙建于 2013 年，而下一次重建将在 2033 年。在日本文化乃至中国或印度文化中，真实性与物体或建筑的材料无关，而是由它在形式上的真正形态定义的。大卫·休谟（David Hume）在他的《人性论》（*A Treatise of Human Nature*）中讨论了一个相似的悖论。其中，他这样比较一个人的身份认同：

> 一座原先由石头建成的教堂，化为废墟后，被教区用毛石参照现代建筑重建。无论是教堂的形式还是材质，都与先前的不一样，两者之间也并无相似之处。但是，它们与教区之间的关系是一样的，而仅凭这一点就足以让我们把它们视为一体。

我们或许会说，这样的说法是基于事实功能。但它适用于人类或建筑的规律，也同样适用于整座城市：

> 城市就像一个生命体，一个统一并持续的整体。它不会因成长的变化而丧失自我，也不会随着时间消逝而成为一件其他物品。但就情感和身份而言，它仍然与先前的自我相一致。只要创造并连接两者的关系仍然将其

维持为一体，那它也必须为以公众身份所做的一切承担所有的责任和荣誉。按时间顺序区分城市的多样性或无限性，就像是在从一人当中创造出很多人。这个人现在已经老了，但在此之前他还是一个青壮年。（普鲁塔克：《论神圣复仇的延迟》）

有形的外表和无形的形式是同时改变的，对日本的庙宇和英国的教堂而言都是如此。城市保留了它的灵魂和延续性，直到社区中的居民将自己认同成传统的继承人。

保护的悖论在于，任何静止和停滞的事物都不可能真正保存下来，也不会流传下去。即便传统也处于持续更新中。而需要更新的事物一旦停止持续更新，就会付出惨重的代价——死亡。然而，更新并不一定会走向（自我）灭亡。保存和传统都不是迦太基（Carthage）或特诺奇蒂特兰（Tenochtitlan）覆亡的原因——两者都亡于暴力。对城市形容最为贴切的当数普鲁塔克：这座城市就像一个生物体，它随着逐渐成熟而成长，但始终保存着自我形态。用我们今天熟悉的语言来说，依然与其 DNA 一致地保持自我。这样的城市把自己的形态铭刻于自己的历史和城市形态的独特性当中。无形城市作为城市的灵魂，通过有形的形式展现了自己，代表了永恒与变化、城市与公民及石块与人之间的巧妙平衡。

事实上，没有比保护主义者和创新主义者之间的虚假对比更粗糙、无意义和具有误导性了。这样的对比受现代公共话语的约束，被浅薄和无知折磨。如今，自称"创新领袖"

的人似乎在每个重要关头都会出现，引发对"保护主义者毛拉"的迫害，把他们描述成反对任何形式变化的人，说他们梦想着一个不可能的世界。那里的风景、城市和遗址可以进入休眠状态，从而使他们永远沉睡。然而，我们城市的历史记忆并不需要惯性。相反，它需要活动。它不希望被铭记，而是想要活生生地生活。这样的生活和活动也遵循着城市的DNA，并支持和谐发展，反对暴力破坏。它以温和的方式接纳新建筑，恢复旧建筑，更不会粗暴地扰乱城市的形态与灵魂。而那些攻击"保护主义者毛拉"的人和鼓动肆意入侵的人其实是同一伙人，他们都参与了对我们城市的无情破坏。

对我们的城市而言，谈到希腊哲学家所讨论的"成长悖论"，我们就必须反思它们的DNA，也需要思考一个合理的诗意的再利用。锡拉库扎（Syracuse）的雅典娜神殿（公元前5世纪建造）如果没有被相继改造成教堂、清真寺，最后再度变成教堂，它会被保存下来成为现在的一座大教堂吗？当我们走进罗马的万神殿（Pantheon），站在已有1900多年历史的穹顶下，我们不也接受了基督祭坛、梅洛佐·达·弗利（Melozzo da Forli）的《天使报喜》（Annunciation）和拉斐尔（Raphael）的坟墓吗？我们难道不因教皇波尼法爵四世（Boniface Ⅳ）在公元609年将其变为基督教堂并为其祝圣，而欠他一份感谢吗？如果图拉真圆柱（Colonna Traiana）没有在中世纪被用作圣尼古拉圆柱教堂（San Nicola de Columna）的钟楼，它会完整地保存长达19个世纪吗？在以上情况中，尽管再利用的过程仍旧造成了一定的损失，也对原本的建筑进行了略微改变，但仍然保证了其完整性。这样的例子还有很多，对微型的遗迹适用，对大型的城市也同样适用。意大利的城市是一本本精彩的重绘本，就连城墙都清楚地显示了历史传承的痕迹［例如在托斯卡纳的科尔托纳（Cortona），人们可以清楚地看到一系列发展，从伊特拉斯坎时期到罗马时期，再到中世纪时期，最后到现代］。城市的建筑通过变化得以生存，在这个过程中一些建筑被取代，同时也有其他建筑被保留，要么保留其原有功能，要么赋予其新的功能。

　　过去的几年间，谈论"创造性破坏"已经成了时尚。麦克斯·佩奇（Max Page）在他的《曼哈顿的创造性破坏》（*The Creative Destruction of Manhattan*，2001）一书中对此有所论及，同时也回应了雷姆·库哈斯（Rem Koolhaas）在《癫狂的纽约》（*The Delirious New York*，1978，2014年新版）中所写的："在曼哈顿的拥挤文化中，破坏是保护的同义词。"甚至戴维·哈维（David Harvey）也在其新书《叛逆的城市：从城市权利到城市革命》（*Rebel Cities：From the Right to the City to the Urban Revolution*，2012）中提到了这样的创造性破坏。他用"创造性破坏"描述一系列激进的城市重建项目，其完成以牺牲低收入的工人为代价。他以拿破仑三世对巴黎贫民窟破坏为例，告诫我们"在旧建筑的废墟上重建新的城市是需要暴力的"。霍斯特·布雷德坎普（Horst Bredekamp）关于罗马圣彼得大教堂的书也以《生产性破坏的原则》（*The Principle of Productive Destruction*）为名。甚至在城市社会学和建筑学语境中，这个方案也被金融话语整体改编，并通过经济创新理论得以再现。这要多亏约瑟夫·熊彼特（Joseph Schumpeter）在《经济发展理论》（*Theorie der wirtschaftlichen Entwicklung*，1912）中提出的理论，而这一理论根植于马克思主义。布雷德坎普还写道："熊彼特认为历史事件及其叙事并不发生在'永恒的平静'中，反而发生在'一场创造性的破坏'中。当翻阅圣彼得大教堂建立的历史时，后者更令人信服。"

由君士坦丁一世（Constantine Ⅰ）所建的老圣彼得大教堂（Old St. Peter's Basilica）被毁并被教皇权威的新象征物代替，这与伊势神宫所代表的日本范式之间毫无关联。恰恰相反，它更接近休谟的英国教堂，其重建是为了与"现代建筑学"保持一致。显而易见的是，如果在这个问题上破坏和创造是一体的，那么我们必须问问自己一个简单的问题。如果现任教皇希望推翻今天的圣彼得大教堂，并为了遵循他的教会伦理学，或是为了保持与现代建筑的一致性，而在此基础上重建一座更低调质朴的新教堂，我们会发表什么意见？16世纪时，很多人谴责了对古代基督教堂的破坏。但在保护文化遗产的新思想兴起后，推翻今日的圣彼得大教堂就变得几乎不可能了。我们也不会同意将图拉真圆柱改造为钟楼。事实上，在过去的几个世纪里出现了一种新的观念，无法容忍这种建筑物的混杂。

保护文化的出现是一个不可否认的历史事实，意大利司法系统将一系列保护条例写进法律，并归纳到宪法第九条中，成为国家的指导方针之一。因此，以保护取代破坏也是意大利法律的一部分。这与曼哈顿的网格状规划情况完全不同。在那里，建筑物的破坏并不妨碍其精神继续保存在新建筑中（根据库哈斯所说）。同样，对有着古希腊老旧的木结构的多利安神庙进行破坏，是为了让其灵魂可以转移到石头堆砌的殿堂中。公元 2 世纪时，帕萨尼亚斯（Pausanias）注意到，在奥林匹亚的赫拉神庙（Temple of Hera），在已有数世纪历史的众多石柱之间，仍留有一根橡木圆柱。

创造性破坏的原则绝对不能随意用来刺激城市的发展。事实上，用经济学语言定义文化和城市发展是冒险且易有歧义的。熊彼特认为："创造性破坏的过程是资本主义的基本事实……这是一个产业'突变'的过程——如果我用生物学术语来解释的话——从内部对经济结构进行不断变革，持续破坏旧结构并创造新结构。"

我们真的要将这种模式运用在城市、遗址和文化上吗？在熊彼特的理论中，对生产力的强调也是一个无法避免的问题：我们要在被我们破坏的建筑原址上建造什么呢？一旦我们破坏了城市的历史街区、遗址或文化机构，取代它们的新建筑真的可以造福社会吗？

熊彼特的比喻也是很有歧义的：他认为旧结构和新结构必须单纯遵循经济理念而形成互补。于是，我们假设推倒费拉拉的城墙并用一片摩天大楼来取代它，就可以被看作是创造性的破坏。那么像意大利政府一再做的那样，为了维持其他公共开支（军用飞机和其他伟大的"公共工程"，如连接西西里岛和意大利大陆南端的墨西拿海峡大桥等）而取消对学校、大学、研究机构和文化机构的国家补贴时，也采用了同样的理由。重点在于，如果我们真的需要从社会文化观点来进行一场关于创造性破坏的严肃讨论，就必须产出一些东西，不只是从利益角度出发，还要考虑其实际价值。或者换句话说，采取可能更适用的经济象征，创造性破坏必须能够生产"公民资本"。这意味着一种集体归属感、美和记忆的力量，使公民认同可辨认的城市形态。如果其中的任何一个因素消失，或者被重复践踏，那么没有任何一种破坏会是真正有创造性的。只要一个宏观的例子就能证明这点：那些环绕在城市周围且背叛城市精神和 DNA 的荒凉郊区，已经摧毁了乡村和整片风景。但是，它们无法产生任何公民意识。事实上，它们只为房地产投资和建筑公司制造了利润。

如果我们谈到高质量的建筑，一座大厦无疑能为城市带来公民资本，我们不能忽略它，甚至其利益也相当可观。哪怕我们时常忽略这点也不能否认，很多时候这就是事实。马里奥·博塔（Mario Botta）是当今最伟大的建筑师之一，他为我们提供了兼顾两者的完美案例。位于意大利北部特伦托（Trento）与罗韦雷托（Revereto）的当代艺术博物馆由他设计。这两者完美地融入了历史悠久的城市肌理中，不仅吸引了更多游客，也为罗韦雷托文化、未来规划和公民意识注入了新鲜血液。然而，他也设计了在比萨附近萨尔扎纳（Sarzana）的高达 200 英尺（609.6 米）的住宅大厦。事实上，这确实产生了一些公民意识，性质却完全不同。它引发了当地公民协会的抗议以及人类学家佛朗哥·拉·瑟克拉（Franco La Cecla）的批评："著名建筑师设计的立方体无法构成一座城市。"

当自然原因造成破坏时，创造性破坏的纯粹经济方式就会变得清晰起来。然而，新立方体的创造者却高兴地冲入灾难现场，开始施展他们的创造力。这就是发生在拉奎拉（L'Aquila）的真实事件。2009 年意大利中部发生地震，这座风景如画的城堡变成了一片废墟。发生在艾米利亚 – 罗马涅（Emilia-Romagna）大区的情况也是如此。在另一场地震后，由于政府疏忽，钟楼和塔楼瞬间倒塌。2013 年在费拉拉召开的修复会议以"它在原地，但已不是原样"为口号启动了重建措施。一些人提出的重建方案包括装饰着巨大红唇的塔楼，或者一座完全由一轮轮的帕玛森芝士组成的塔楼。人们只能假设这是出于对当地文化的尊重。在这些案例中，熊彼特的公式是完全不适用的。事实上，用破坏性的破坏来形容这些例子，是再合适不过了。建筑师、城市和政府当局，甚至自然保护组织都加重了地震造成的破坏，并完成了由地震带来的破坏。相反，圣马可钟楼（St. Mark's Campanile）于 1902 年 7 月 14 日倾倒，政府决定在原地建一座一模一样的复制品。佛罗伦萨的圣特里尼塔桥（Santa Trinita Bridge）和博洛尼亚的阿尔基金纳西奥宫（Palazzo dell'Archiginnasio）在第二次世界大战的空袭中被摧毁后，它们的重建也是如此。无法想象这些建筑没有被重建的话，今天这些城市又会是什么面貌。在威尼斯，钟楼被当地人亲切地称为"房子的主人"（el paron de casa）。它的存在以令人惊叹的高度（约 300 英尺，91.4 米）俯瞰着广场和城市。威尼斯看起来像是实验房地产项目和破坏行为的最佳场所，即以未来的名义摧毁现在的一切。事实上，如果威尼斯继续这样失去它的居民，它可能完全沦为一个实验室，直到完全变成一座空城。

另一方面，如果威尼斯能够通过自身 DNA 的棱镜学习如何解释保护的悖论，就能保持其无与伦比的城市形态。如果它学会不局限于大众旅游的诗意的再用，如果它不再坚持已经失败的温馨城市模式，而是仔细地思考每一个变化，以确保每一个新建筑都是深思熟虑的结果——因为即使是最轻微的举动也可能改变它珍贵的品质，用普鲁塔克的话来说，威尼斯依然能尊重自己，只要它意识到它仍旧是"活生生的存在。…… 一个统一而连续的整体不会随着年龄的增长而改变，也不会随着时间的流逝一变再变"。如果它保持"原有的自我感知和意识，就必须对其所做的行为承担所有的责备或信任"。所以，"由各个环节联系在一起的社会可以继续保持其团结"。让我们补充最后一个条件：威尼斯必须知道如何创造性地构建认同，根据对其公民的最佳未来可能调整它的每一个变化，而不是游客或房地产机构想要的那种变化。

第九章　复制威尼斯

　　威尼斯被潟湖包围，然而威尼斯启发了全世界。1902 年圣马可钟楼突然坍塌，1912 年"原样、原地"的快速重建工程完工，由此引发了 20 世纪初一系列包括各种规格的复制建筑浪潮，尤其在美国。因此，人们可以在许多地方看到威尼斯的钟楼，包括西雅图（1902，242 英尺，73.8 米）和多伦多（1916，140 英尺，42.7 米）的火车站、位于丹佛州科罗拉多（Colorado）的丹尼尔斯 - 费希尔塔（Daniels & Fisher Tower，1910，324 英尺）、伯克利校区内的高塔（1914，308 英尺，93.9 米）、澳大利亚布里斯班市（Brisbane）市政厅（1917，298 英尺，90.8 米），以及南非伊丽莎白港市（Port Elisabeth）市政厅（1920，170 英尺，51.8 米）。圣马可钟楼在纽约的复制品都是名副其实的摩天大楼。它们比原版高出许多，现仍在使用中。麦迪逊大街上的大都会人寿保险大楼（Metropolitan Life Insurance Tower，1909）高达 689 英尺（210.0 米）。现在被称为华尔街 14 号的信孚银行大楼（Bankers Trust Company Building，1910，505 英尺，153.9 米）位于华尔街，在其顶端建有一座受哈利卡纳苏斯（Halicarnassus）王陵启发而建造的庙宇。一座著名历史建筑的消逝和再生，将直接导致对其形式的模仿，以便为大学、火车站、百货公司和市政厅增添贵族气息。当然，最重要的是为了摩天大楼。

加利福尼亚州的威尼斯也建于这个时期。确切地说，它在 1905 年由烟草大亨阿波特·金尼（Abbot Kinney）建造。尽管它没有钟楼，但有个较为朴素的总督府。这里依然有一些河道，以前甚至有贡多拉和船夫。考虑到金尼和他的商业伙伴拥有这座新城的绝大部分土地，这确实是一个非常成功的房地产投资项目。它的原名"美国的威尼斯"（Venice of America）则是对意大利威尼斯更直白的引用。金尼的构想是构建一片介于城市和游乐场之间的建筑群，为来访的游客增添一些情调（当然都是假的），吸引他们去造访太平洋海岸。不用说，这海岸自然一点都不像威尼斯。加利福尼亚的威尼斯也因此成了迪士尼乐园的先驱（后者于 1955 年开业，距离此地 50 英里）。威尼斯保留下来的运河于 1982 年入选了美国国家历史遗迹。

在美国还有其他 27 个威尼斯，在巴西有 22 个。佛罗里达州的罗德岱堡（Fort Lauderdale）也被称作"美国的威尼斯"，就像阿威罗（Aveiro）被称为"葡萄牙的威尼斯"。其他城市，如阿姆斯特丹、伯明翰、布鲁日、哥本哈根、希特霍伦、汉堡、圣彼得堡、斯德哥尔摩和弗罗茨瓦夫都被称为"北方的威尼斯"。打着"东方威尼斯"名头的城市更是不可胜数，包括曼谷、河内和乌代布尔。单单日本就有 8 个顶着这个称呼的城市。更不用说世界其他叫"威尼斯"的地方了，从利沃诺到勒阿弗尔，从斯特拉斯堡到伦敦（在梅达韦尔有一个地方被称为"小威尼斯"）。委内瑞拉有个地方也有同样的名称（也叫"小威尼斯"），它的名字的灵感来源于马拉开波湖（Lake Maracaibo）畔的土著房屋。这些城市里鲜有和真正威尼斯相似的建筑。它们的共同点只是有够承载独特生活方式的复杂水域网络。威尼斯正是其中的先驱，也是最佳范例。

要在易于被取悦的文化环境中复制威尼斯，人们只需要建造一条河道，或是能倒映在水面的建筑、一两扇面向水域的门道，哪怕只是一些沿着房屋移动的船只。反之则不然。据我所知，没有人把威尼斯叫作"亚得里亚海的斯德哥尔摩"。威尼斯的独一无二性已经深入人心。事实上，它是一块试金石，其他联系不堪重负。无数的遐想由此激发，而威尼斯的概念是由此更加深入人心了，还是被削弱了？这个名字所享有的盛名与它如画的风景相关，还是由对它独特城市生活的微妙兴趣所引发的？（有人认为这是世界上被抄袭最多的名字，甚至击败了与它最接近的竞争者巴黎和罗马）这是否暗中激发了人们效仿其美丽的念头？抑或唤起了将其视作奇幻（因此是"有趣的"）的想法？

把威尼斯当作一座游乐园的想法，并不只是20世纪初的加利福尼亚才有。位于内华达州拉斯维加斯的威尼斯人度假酒店（The Venetian Resort）拥有4000间客房，而它建筑群中的微型威尼斯还附有一座赌场。这家酒店以一半的大小复制了圣马可钟楼和里亚托桥（Rialto Bridge），也建造了贡多拉穿梭的河道、缩小的总督府，以及圣马可广场和皮亚扎广场。自 1999 年索菲亚·罗兰（Sophia Loren）在马达驱动的贡多拉上庆祝开业以来，威尼斯人度假酒店就为游客提供了所有这些。当然，无所不在的摩天大楼也以威尼斯塔的形式在此留痕。它有 36 层楼，高达 475 英尺（144.8 米），拥有 1013 间套房和一个婚礼小教堂。这太俗气了吧？但当艾尔米塔什博物馆（Hermitage）和古根海姆博物馆（Guggenheim）这两座著名的博物馆 2001 年计划在拉斯维加斯开设合作项目时，选择把它安置在威尼斯人度假酒店内，展示从提香（Titian）到杰克逊·波洛克（Jackson Pollock）等众多艺术家的作品——它的正式名称为古根海姆 - 艾尔米塔什博物馆，不过通常被俗称为"珠宝盒"（The Jewel Box）。然而，这个毁灭性的决定迫使该博物馆只运营了几年，便在 2008 年时关闭了。

记者吉多·莫尔泰杜（Guido Moltedo）在他 2007 年出版的《欢迎来到威尼斯》（Welcome to Venice）一书中，向我们展示了这座拉斯维加斯的威尼斯拥有的所有展品。这些都已经不再是独一无二的了，而是被"上百次地模仿、抄袭和神往"，正如此书的副标题所说。可以举其中的几个例子。拉斯维加斯的威尼斯人度假酒店 2007 年时在澳门被克隆，而且其规模与它的前例一样庞大：澳门威尼斯人度假酒店（The Venetian Macao Resort）到处都是摩天大楼和贡多拉，圣马可钟楼和里亚托桥也在其中，而这里也是世界上最大的赌场。

在土耳其安塔利亚（Antalya）不远处的昆都（Kundu），威尼斯宫豪华度假酒店（Venezia Palace Deluxe Resort Hotel）复制了圣马可之马（Horses of Saint Mark），它高高俯瞰着钟楼周边的复制场景。考虑到真正的圣马可之马在 1204 年第四次十字军东征时洗劫君士坦丁堡之后，就被带到了威尼斯，这还真是个有意思的循环。事实上，伊斯坦布尔正是维亚波特威尼斯（Viaport Venezia）所在的位置（位于加齐奥斯曼帕夏集市区）。酒店共拥有 2500 套公寓（最高的塔高 495 英尺，150.9 米）的五座摩天大楼包围着一片湖泊，同时配有一座购物中心、数条河道、威尼斯式的桥梁和几艘贡多拉。维亚波特网站上的口号是："你不再需要前往威尼斯去体验威尼斯。"甚至在迪拜也有一个威尼斯，就在目前世界上最高的大楼哈里发塔（2716 英尺，827.8 米）的阴影下，虽然这个威尼斯只有一些小河道和船只，也没有复制圣马可钟楼和里亚托桥。在卡塔尔也有一个由阴沉而显眼的摩天大楼构成的假威尼斯。

这些例子中的共同点就是对威尼斯的拙劣模仿。它被简化为由风景化的配件和廉价材料搭建的缩小复制品，却被当作奢侈生活的缩影。似乎人们只需要跨过架在假河道上的小桥，观赏停泊的小贡多拉，就可以体验威尼斯了。这些虚假的威尼斯被用来装饰五星级酒店或高档住宅区，就像土耳其维亚波特威尼斯一样，在那里"你能找到即便在威尼斯也无法享受到的完美生活"。这些环绕着湖泊的摩天大楼构成了这个房地产企业，让我们再次想到（这只是巧合吗?）在

2060 年时可能会建在真正威尼斯周围的大厦，正如 Aqualta
项目设想的那样。即便在假威尼斯，也有一座或几座摩天大
楼凌驾于缩小版的圣马可钟楼之上，就像巨人俯视侏儒一样。

但是没有什么能跟正发生在中国的事情相比。澳门拥有
葡萄牙殖民统治的遗产，几乎就是西方的延伸（如同香港）。
这也许就是它克隆拉斯维加斯的假威尼斯的原因。然而在中
国，庞大的人口迁移伴随着农村的快速工业化，而大都市的
建设彻底摧毁了历史街区以及法国、西班牙、荷兰和英式住
宅的对称式样（就像在徽州）。为了增添一点点色彩或特色，
他们还建造了实际上被用作剧院的教堂。在很多欧洲城市中，
当教堂这一神圣的建筑不再用作祈祷时，它们越来越多地改
作其他用途。而中国的教堂从一开始就没有被真正当作教堂
使用，它的首要功能就是剧院。因此，它们也被剥夺了这些
建筑形式的所有深度或意义。

东莞的新华南购物中心位于香港西北方向 50 英里外，是
世界上最大的购物中心。这座购物中心根据地理范围被划分
成 7 个区域，包括罗马、威尼斯（带有圣马可钟楼和各种河
道）、巴黎、阿姆斯特丹、埃及、加勒比和加利福尼亚。购
物中心开业于 2005 年，但由于周边居民极少，超过 90% 的
店铺仍然处于空置状态。比安卡·博斯克（Bianca Bosker）
在她的新书《原版的复制品：当代中国建筑模仿》（*Original
Copies*：*Architectural Mimicry in Contemporary China*）中写道，
距杭州不远的一个巨大区域完全模仿了威尼斯，名为"威尼
斯水城"：

就像在真正的威尼斯一样，镇上的房子都以暖色调为主，如橙色、红色和白色。窗户配有栏杆和拱门，并装在镶有石头的凉廊中。建筑融合了哥特式、威内托拜占庭和东方主题，俯视着其下的运河，在石桥下有"贡多拉船夫"摇着贡多拉。这个地方最重要的建筑是位于城中心的圣马可广场和包括圣马可钟楼的总督府的复制品。一对圆柱的顶部是圣马可和亚马海圣特奥多（Saint Teodoro of Amasea）镀金的狮子雕像，那是威尼斯的守护神。"总督府"的正面是绘有华丽图案的瓷砖。

根据博斯克的理论，这些建筑的幽灵将取代中国城市真正的历史中心区。历史中心区的存在彰显了贫穷，因而被拆除。然而，阿尔卑斯山山村、意大利广场和英国建筑似乎唤醒了中国新富眼中的繁荣社会。正如翁贝托·埃科（Emberto Eco）所说："在没有财富的地方，巴洛克式的修辞、折中主义的狂热和强迫式的模仿占据了上风。"对此，博斯克提出了另外一种解释。她在书中回顾了公元前3世纪末秦对其他各国建筑形式"专项模仿"的悠久传统，在攻占了最后六个独立王国后，秦始皇在都城咸阳外的渭河河畔"复制了每座国家（被废黜统治者）的宫殿（以约三分之二比例缩小）"。这很有可能就是追逐财富的那些人消极模仿的结果。

这是仿造、模拟的建筑。Ersatz（词义为"取代"或"代替"）是希腊词，在二战时期作为英语词使用，用于描述一种劣质的代替品（例如替代咖啡 Ersatzkaffee，在意大利被称为大麦咖啡，几乎不含咖啡豆）。20世纪时，美国和其他地区建造了圣马可钟楼。这些仿冒的建筑用它们的即兴设计取代了真实性、记忆和历史，并为此采用了严格的选择标准。例如，这些假冒的威尼斯中没有一个地方复制了圣马可大教堂（因为过于复杂），甚至没有人想到复制犹大环（Guidecca）、圣保罗广场（Campo San Paolo）、圣方济会荣耀圣母教堂（Basilica di Santa Maria Gloriosa dei Frari）和圣罗科教堂（Scuola Grande di San Rocco）。因此，要克隆威尼斯，就必须先摧毁它，将其中的99%去除而替换成拙劣的模仿。就像剔除所有的肉，直到只剩下骨头。但是，在被标榜为榜样的一刻，它会自动将所有的魅力、多彩性和多样性从城市的结构中分离出来。尽管如此，这些人认为（真正的）威尼斯可以从对它的模仿中获得双倍优势：可以将一部分游客分流到假威尼斯，并向那些提议仿建威尼斯的人收取费用。然而，如果事实正好相反呢？万一散落在世界各地的假威尼斯破坏了威尼斯的形象呢？如果它们成为威尼斯的一种隐藏模式呢？如果一个没有威尼斯人的威尼斯，试图在拉斯维加斯、迪拜和重庆找寻自己的身份认同呢？

第十章　历史市场

　　就像其他所有交易一样，建筑仿冒品的创立和管理是一个有意识的谈判过程。有人投资和修建仿造品，有人付费使用。正因为它们是假的，所以这些复制品必须尽量忠实于原版。买家和卖家之间的非书面协议建立在虚构谎言的基础上，他们认为这是一场免费的游戏，但事实上却有标定的价格。这个定价并不只是基于金钱，也基于社会和文化。历史成了可以买卖的货物，克隆产品只是用于贩卖它的外包装。翁贝托·埃科三十几年前对美国的评论，现在也同样适用于几乎全世界："如果一个仿造建筑想要变得真实的话，就必须绝对经典、完全相像，成为一件'真实'的复制品。每当人们用想象力试图再现'真实事物'时，就一定会制造一个绝对的赝品。"

　　因此，那些模仿历史城市大致模样的居民区和购物中心，与露天博物馆或生活博物馆极为相似。如同埃科所说，这些地方"要汲取历史信息，就必须再现它的方方面面"。

　　位于弗吉尼亚的"殖民地威廉斯堡"（Colonial Williamsburg）

是美国最著名的生活博物馆。在那里，人们恢复和重建了城市的历史中心区，保留了它原本的面貌。因此，1926年时人们设定了一个截止时间，即1770年。凡是在此之后建造的建筑，包括20世纪早期的，要么拆除，要么改造。最终，731座建筑被拆除，413座在原地按照1770年以前的建筑形式重建，只有81座被保留和修复。在这个纯粹主义的极端例子中，被毁掉的建筑远多于实际保留下来的。有个关键词可以用来为此行为正名，即"真实再现"（authentic reproduction）这一概念。然而自相矛盾的是，事实上这全部都是虚假的，但又都被打上真实的印记。保护工作因此搁浅，因为无法分别哪座是真正的古代建筑，哪座只是看起来像而已。建筑评论家埃达·路易丝·赫克斯塔布尔（Ada Louis Huxtable）指出，这个复杂的问题导致：

> 我们选择性地青睐——并相信——美化过的历史面貌，否认变化和延续的多样性和说服力，忽视历史和人类的真正沉淀。这让我们的城市成为艺术和经验的特殊载体，不论有益于否，都如沙砾一样沉积下来。这种记录有着真实事物的奇迹和荣耀。

了解人造历史中的建筑，关键在于殖民地威廉斯堡和纽约洛克菲勒中心（Rockefeller Center）间的同步性。约翰·戴维森·小洛克菲勒（John D. Rockefeller, Jr.）在这两个项目中都起了关键作用。用雷姆·库哈斯的话来说："一个制造过去，另一个在崩溃的经济中恢复未来。"

生活博物馆遍布世界各地，推动了独特的保护主义策略。例如拆除整座村庄，并完全重建，同时拆除掉一些独特的建筑，以便在别处复制，在此基础上将其人工打造成属于别的村庄的房屋和教堂。采用这种方式的最早的例子，是瑞典和挪威的国王奥斯卡二世（Oscar Ⅱ）1881～1882 年搜集的古代建筑群。随着时间的推移，它们慢慢增加，事实上这已经成为被不断复制的样例。这些建筑从皇家庄园移出以重新安置，迁往位于奥斯陆西部半岛上比格迪（Bygdoy）的挪威民俗博物馆（Norsk Folkemuseum）。从 1915 年开始，当地建造了一个被称为"老城"的完整街区，为"需要帮助的城市住房提供一座避风港"。1905 年挪威独立后，这座露天博物馆的重要性进一步提高，因为它成了新民族意识的象征。今天，它收藏了来自全国的 150 幢建筑。这些建造被拆散分解，然后用所谓的"复原策略"重新组装，而实际上这往往等于全面修复。

与此同时，斯堪森露天博物馆（Skansen Open-Air Museum）1891 年建于斯德哥尔摩的动物园岛上。这个博物馆之所以建成木结构，就是为了便于拆除并可以在他处重新搭建。在此之后，该博物馆成为俄罗斯类似效仿的原型，而"斯堪森"也被特别用来指代这种类型的博物馆。从 1927 年开始，一些其他地方的历史建筑被搬运到莫斯科附近的科洛明斯科耶（Kolomenskoye）。其中最著名的博物馆位于卡累利阿（Karelia）基日岛（Kizhi Island），建于 1961 年。人们在德国也可以看到类似的博物馆，包括位于豪萨赫（Hausach）和古塔赫（Gutach）之间的黑森林露天博物馆（Black Forest Open Air Museum，1963）、位于埃克河畔诺伊豪森（Neuhausen ob Eck）的露天博物馆（Freilichtmuseum，1988）。这两座博物馆都有由示教仪器组成的几十种结构，并作为一个整体呈现。就像比格迪的博物馆，它们过去从未真正存在过，而是以虚假的村庄来传授历史知识。事实上，这是将它们从历史环境中剥离，将其结构永远拆散，用新的环境力图再现真实的情景。出于博物馆的特点，它致力于教育。穿着古代服饰的员工在开馆时间四处走动，铁匠、农民和牧民假装来自不同时代。位于马萨诸塞州普利茅斯（Plymouth）的普利茅斯种植园生活历史博物馆（Plimoth Plantation Living History Museum）就是如此。那里为纪念"五月花号"的登陆和清教徒移民先辈们而建，演员用17世纪的英语（并与游客们）对话。

这种岌岌可危的平衡使露天博物馆更加凸显。例如位于比格迪的博物馆，即使它的结构来自其所在的历史环境，但其实也是半真半假。重建的村庄建在极少或根本不存在的考古遗迹之上，例如普利茅斯。在这两种情况下，以前的生活方式都是通过伪造而实现的。然而，除了外表，最激进的举动并不是重建古代建筑（欧洲一个例子是重建在德国克桑滕的罗马城考古遗址公园），而是挪威式的历史建筑错位，然后在某个圈地内重新拼装。就像一间难民营，值得保留下来的建筑并不会保留在原地，而是被"仁慈地"拯救下来并在他处重建。只有现在的建筑拥有真正的公民权，而历史则被归为一段区间、一个遗迹，或是一间养老院。

鲜活的历史、露天博物馆和主题公园，它们的前身都是世界博览会。1851 年伦敦举办了这样的一次盛会并取得了巨大成功。从此开始，它成为交流新发明、工业品和农产品，以及展示本土文化的重要平台。在消费和娱乐文化的支持下，人们认为可以在每个国家的特色产品旁展示自己的历史和传统。挪威民俗博物馆在 1889 年的巴黎世博会上首次与世人见面。1896 年的布达佩斯千禧年展览（Millenium Exhibition）展示了特地为此次展出而搭建的整座村庄和全体村民。在 1904 年的圣路易斯世博会（St. Louis World's Fair）上，600 名老兵再现了第二次布尔战争（Second Boer War）的场景，尽管此时战争才刚过去几年。这些是暂时的复制品，就像每日上演的剧目，虽然这些展品只有在世博会的那几个月才会展出。它们也宣告了对真实性的主张，因为这是在固定的博物馆里不可能见到的，比如包含真正的匈牙利农民、真实的英国士兵和布尔民兵。世博会里的短期复制品与生活历史博物馆中的永久复制品间的唯一联系在于，人们都必须付费才能感受其历史和地理。另一方面，一座生活博物馆和主题公园之间的区别在于，就其本质而言，后者的掺假程度更高。

这种对历史的伪造随着东亚地区主题公园的快速兴建而达到高峰。如果美国的露天博物馆和生活历史村庄想要弥补历史区域中记忆和游客的不足，那么中国的博物馆或历史展览馆所做的，便是用他人的东西来取代自己的历史。库哈斯写道："我们可以说，这样的亚洲正在经历消亡，它正在成为一个巨大的游乐场。亚洲人在亚洲也成了游客。"另一方面，根据作家伊恩·布鲁玛（Ian Buruma）所说，如深圳这样的经济特区，就像在建造一座资本主义主题公园，其中的建筑和景色在某种程度上都是为了满足经济和社会需求。深圳特区由邓小平在 1979 年提出并设立，当时的流行口号是"致富光荣"。首先，这些特区必须看起来很庞大、富裕，像一个商业城市，即使一半的摩天大楼是空的，高速公路上一辆车也没有。

在价值观和实践的戏剧性翻转中，这样的主题公园并不重现历史，反而限制了未来发展的方向。就像威廉斯堡复制了 1770 年就存在于同一区域的城市中心的外观，深圳则全盘采取了美国式的城市形态。它并没有复制某个城市的某个特定建筑，而是建造一个完整的欢乐谷或海水浴场，然后让它们显得是真实的。这个场景方案非常适用于影响思想和行为，然后让它们去适应市场的实践。深圳特区是当今中国大都市的孵化器，就像弗里德里克·汤普森（Frederic Thompson）的月神公园（Luna Park，1903）。它依据 1893 年芝加哥世博会期间首次展出的建于康尼岛（Coney Island）上的模型。它的 1221 座高楼、光塔和圆顶组成了一条天际线，以此预示了曼哈顿那些林立的高楼。用库哈斯的话说，"这是第一座高楼之城。除了会过度刺激想象力之外，并无任何其他功能"。

除了展示未来，主题公园还可用于抒发对某个特定时期的怀旧情怀。在重庆那些能容纳 3200 万人的高楼丛林之外，一座圣吉米那诺（San Gimignano）的复制品正在建造中。这里也有托斯卡纳风景，而它的目标是打造一座巨大的购物中心。就像一种顺势疗法，通过对欧洲平静生活的复刻来平衡按照美国模式建造的大都市所带来的拥堵——假如这个行为不自我局限于空想主义，而是被用于刺激强制性购物。艺术史学家多玛索·蒙特纳利（Tomaso Montanari）说，这些"历史的商店和由消费者取代了居民的商场"并不是发生在其他国家，因为该项目的建筑师来自比萨。正相反，它们是意大利 20 年前流行的标语的镜像——将历史城市描述为"自然商业中心"（2010 年时，托斯卡纳省就自然商业中心的运行发布了一份报告，而坎帕尼亚区在 2009 年通过了一项特殊法律来推动它们的运行）。

甚至迪士尼乐园也是一座露天博物馆。第一座迪士尼乐园 1955 年建于加利福尼亚，随后被多次复制，首先在佛罗里达的奥兰多（1971），然后是东京（1983）、巴黎（1992）、香港（2005），最后在上海（当时仍在建造中）。用法国哲学家和艺术评论家路易·马林（Louis Marin）的话来说，"它是美国社会的系统展示和独特价值的极佳象征"。迪士尼将已知和未知、现实和想象、卡通人物和真实人类、城市街道和购物中心、巴黎和美国大道都融为一体。虚构的元素在这里得到了充分的认可，它需要游客完全被动地接受，以便按照一个永不改变的剧本来充分发挥自己的作用：停车（并不便宜），然后在主题公园内四处闲逛选择感兴趣的景点，让自己沉迷于景点，当然还要保持不断购物。在塑造米奇屋这样的虚构景观方面，迪士尼很诚实。但是，为游客提供在巴黎大街才能有的身临其境的体验时，那就差远了，仿佛那只是主题公园的一个小小角落。那些来主题公园游玩的人和在假威尼斯生活的人，他们的短暂体验都是基于相同的想法，那就是，他们认为历史、建筑和城市形态就像其他物品，可以通过复制技术循环利用（也可以被买卖）。

这样的社会文化实践与其他的模拟非常类似，就像虚拟现实开始应用于博物馆世界和研究策略中。历史学家史提芬·康恩（Steven Conn）在《博物馆还需要实物藏品吗?》(*Do Museums Still Need Objects*?) 一书中明确提出了这个问题，称我们对"物体有传达知识、意义和理解的信念"正在下降。展览馆和博物馆的陈列品数量在减少，但用来展示它们的信息设备却在快速增加。运营博物馆的新经验在于运用技术来讲解历史，尤其偏好用虚拟技术来展示现实，让图片在屏幕或智能手机上飞快闪过。这个过程中不是去强调真实性，而是希望超越真实性。这样的技术使得图片可以被操纵，如人们能够将图像放大来看清细节，或者让参观者观察并与图像互动（哪怕在实地参观之后），也使他们可以将获得的印象归档，以供在脸书或其他社交媒体上交流。艺术作品并没有被如此丰富的虚拟现实技术吞噬，反而越来越多地被理解为一个启发器，用于刺激发生在别处的感知和思考的过程。

例如，当我们讨论委拉斯凯兹（Velazquez）的《宫女》(*Las Meninas*) 时，假设20%的体验来自人们在马德里普拉多美术馆的画布前观摩，而其余80%来自智能手机或iPad，那么在互动的巨大迷宫里，新的欣赏形式便成为一种可能。康恩写道："在一个媒体饱和、消费过度的社会……实物被看作是因循守旧。"为了与其他娱乐形式相抗衡，博物馆已经开始从虚拟现实入手，再度思考如何自我发展。相似的是，网络考古也正风靡当下。作为一种专业实践，它不强调对所挖掘数据的历史解释，而是注重通过数据处理来实现对考古遗址的模仿。现在，操控数据的技术发展成了人们追求的目标。考古学家倾向于在海量数据中处理和重组字节，而不是去修复现场出土的陶瓷碎片。错觉已经取代了反思，复制也取代了历史分析。过往无与伦比的多样性被稀释成了免费的DIY作品，植根于当下。

让我们问问自己这些问题：如果像康恩所说，"在一个媒体饱和、过度消费的社会"中，把一座像威尼斯这样的历史城市放在博物馆中展览，会被看作是"因循守旧"吗？如果是，我们会为了克服真正威尼斯的无聊，而依靠一个复制品来获取无拘无束的乐趣吗？

第十一章 假象中的真相

"模仿"这个关键词始终贯穿于这场特殊的文化转型中。它包括了虚拟现实的多个层面和遗址或历史城市重建的不同方法：可以在拉斯维加斯的赌场或伊斯坦布尔的街区复制"鲜活的"威尼斯，这样任何人都可以独自在家中以虚拟身份访问这座虚拟的城市。

我们无法使这样的转变成为昙花一现的时尚风潮，也不能将其视为对主流技术和市场机制的一首颂词。另外一点也同样重要：发掘全球的视野扩大而带来的多样性概念。加利福尼亚大学伯克利分校的建筑学教授尼扎尔·阿尔萨耶德（Nezar AlSayyad）认为，"在远离他们日常生活的时间和地点寻找真实和真相"的需求，在很大程度上已经由大众旅游所满足。它完成了一场意想不到的转变，即打破大旅游时代的陈旧做法，将大旅行团分割成无数个小旅游团。这种慢游方式曾经是学术精英的专属特权，因为它受到大量阅读、陪同导游和无数日记及水彩画的启发和培养。如今，这样的特权已经被势不可挡的大众旅游节奏打破了。然而，即使现在的短期旅游只能获取微薄的回馈（75%的游客在威尼斯只停留1天），城市空间、住房和他人生活方式的切身体验始终是旅行的重要组成部分。数量胜过质量的纪念照可以证明游客的存在感，并已经远远大于对文化的好奇心。照片并不能留存记忆，相反，它夺走了我们的回忆和观察的能力。

拉斯维加斯、迪拜和重庆的威尼斯仿品对于多样性和其他需求的意义更为渺茫，只能在伪造和虚拟的现实中寻找劣等的解决途径。然而，虚拟现实已经占据了上风，并模糊了虚假和真实之间的界限，同时也颠覆了原有的所有设置。于是这些情况产生了：虚拟现实比现实世界更好，不仅是因为它能随时触及，更因为它能激起更多标准化（也因此更加显著）的感受。虚拟世界可以变成现实世界，而不局限于介绍真实物品。主题公园拥有实物复制品或虚假的历史街区——德国或挪威的村庄被用真实的材料重建于那些露天博物馆中。虚拟世界的能力不只有这些，它能做的还有很多。

城市设计和建筑学教授道格拉斯·凯尔博（Douglas Kelbaugh）在《修复美国大都会：重访公共场所》（*Repairing the American Metropolis：Common Place Revisited*）一书中引用了一段一个大学毕业生的发言，她刚结束了第一次欧洲旅行：

> 我并不像喜欢迪士尼乐园那样喜欢欧洲。在迪斯尼乐园里，各国都紧密相连，展示出各自最好的场景。欧洲很无趣。人们讲陌生的语言，到处都很脏。有时候你在欧洲几天都看不到一个有意思的东西。而在迪士尼乐

园里，时时刻刻有不一样的事情发生，人们很快乐。它好玩多了，也设计得很好。

很难让人相信竟然有人说了如此尴尬的话，但是这其中的逻辑是真实的：不同让人无聊，相同让人安心，因此也让人感到快乐。嘲笑这个逻辑是毫无用处的，因为我们城市的迪士尼化趋势日益增强，所以其种类、多样性和特征也正慢慢消失。历史沦为纯粹的招牌，甚至在威尼斯也是如此。事实上，这在威尼斯尤为明显。根据一些观察者所说，相比冒牌货而言，真正的威尼斯变得越来越不受欢迎了。我从 Gourmantic 网站上名为《威尼斯的丑陋面》（"The Ugly Side of Venice"）的文章中摘取一些观点如下：

> 标志性建筑物上覆盖着大量的广告，就像丑陋的怪兽……叹息桥（Ponte dei Sospiri）几乎看不见。它被虚假的天空矮化，并使信仰（原文如此）黯淡无光。更确切地说，圣马可广场也受到高水位的影响。但在广场上方耸立的巨型楚萨迪（Trussardi）广告面前，这种让人不悦的自然现象也较之逊色。……的确，威尼斯的很多建筑年久失修，需要一笔可观的修复资金。但此时应该发出一条旅行警告，那就是这个城市正在以丑陋来掩盖城市的美丽。不要来这里……宁静之城（La Serenissima）已不再宁静。这里再也无法给人带来乐趣……当我看到垃圾桶上那些禁止游客乱扔垃圾以及禁止在圣马可广场逗

留、饮食和饮酒的多语言提示时，我一点都不感到惊讶。

将威尼斯与迪士尼乐园相比已成了常态，无须举太多的例子，只要两个便已足够。1981 年，意大利杂志《城市规划》（*Urbanistica*）发表了一篇文章，认为"将威尼斯改造成迪士尼乐园很好地宣告了向更有创造力和更积极生活方式的转变"。文章的作者是一位城市规划学教授，担任《城市规划》编辑长达 7 年，也是意大利高等文化遗产和景观委员会（Higher Council for Cultural Heritage and Landscape）的成员。第二个例子来自 2014 年 2 月的一则网络广告：

> 威尼斯乐园（Veniceland）是迪士尼乐园的潟湖版，马上就要进驻意大利。过山车巨头赞培拉（Zamperla）将在萨卡圣比亚焦岛（Sacca San Biaggio）上依托当地的历史和文化建造一座主题公园。它将提醒游客，威尼斯在一段时间里曾是国际经济中心。

文章中提到的岛位于朱代卡运河（Giudecca Canal），只离我们熟知并热爱的威尼斯一步之遥。而如果我们要谈论宁静之城的历史，那就绝不能局限于这座城市。相反，人们所需求的威尼斯应该有"一片给学校的单独教育区域，有着巨大的触摸显示屏，有着与市政当局合作组织的表演；而另一片特别的区域则用来容纳精彩的嘉年华、过山车、滑梯和大型摩天轮"。

再现各种自然景观（沙洲与盐沼）和历史场景（勒班陀战役）已在规划之中，这些方案也获得了威尼斯大学的赞同。其校长"让学校的专家为公司提供专业建议，那么城市的历史和环境瑰宝就可以得到完美的保全，也不会再有人把它当成月神公园了"。

因此，当《卫报》（*The Guardian*）在 2006 年 6 月发表《召唤迪士尼来拯救威尼斯》（"Send for Disney to Save Venice"）这篇颇有挑衅意味的文章时，它当然没有任何过错。文章指出，如果威尼斯的未来在于廉价的大众旅游市场，那不如将运营委托给迪士尼公司，因为他们会比市政当局做得更好。

在这股激进的潮流中，没有人可以独善其身。在庞贝，市政当局正在计划新建一座名为庞贝实验公园（Pompeii Experimental Park）的考古遗址复制品。可以想见，这座园区必定会非常无聊。其实，这个想法并无什么新意，早在 2007 年 4 月，时任文化部长瓦尔特·韦尔特罗尼（Walter Veltroni）就提出了兴建侏罗纪庞贝的方案，"由小型器械、CD、娱乐区和虚拟游戏组成，抢救作为考古遗产的庞贝古城遗址"。当然，这些都会很快完工。据部长所说，这只需"三年时间和一条特殊的法律"。时任罗马市长的吉亚尼·阿莱马诺（Gianni Alemanno）在 2008 年时胡诌的计划就更不值一提了。他提出"为了挽回罗马日益减少的游客数量"，应该"建造古罗马式的迪士尼乐园，利用虚拟重现技术让游客在斗兽场观看表演，在大竞技场（Circus Maximus）举行战车比赛，在地下古墓中探险，或者在卡拉卡拉浴场（Baths of Caracalla）泡澡"。

即便是所有这些中最堕落的形式，如威尼斯乐园，这些派生词和文化举措在一些人看来却代表着民主文化。对此敢于提出质疑的人被认为是精英主义者。历史学家霍华德·卡明斯基（Howard Kaminsky）曾写道，在这个广阔的社会当中，我们对历史的分析已经从根本上改变了：

> 与大众社会的后国家思想和后政治思想相一致，它的功能并不是推行新的权威，而是把学术领域想象成一座通用的历史博物馆（Universal Historical Museum），以对应我们时间的各种需求，就像超市、购物中心、互联网、电视节目和各式各样对传统现代性的后现代解构。……迪士尼乐园（是）……后现代驱动力的化身和重要推手。为了不使我们的文化从充满意义的结构系统变为没有次序、毫无内容的胡乱发挥，它以重新包装的象征形态，把所有都变得像是无差别的消费商品……（这）显然很符合时代精神（Zeitgeist）。这也可以成为一种相反的观点，即当人们认为无视时代思潮时，它就会消失。

以此来看，根据我们现今时代思潮的新自由思维模式，赞同整个世界的商品化，人们推着购物车、手持信用卡在我们过去的文化艺术品周围徘徊，这是一种绝对的现代性。随着时间的推移，这种趋势也无法阻挡。

这种残酷的现象做了一种假设，即我们的时代能够并且完全应该以市场化心态为导向：人头攒动的购物中心是后现代化唯一可能的表现形式，也是其仪式和价值的顶峰，是人们塑造现在和未来的唯一方式。但是，为什么那些盲目崇拜自由市场经济的人要把赌注放在单一的时代思潮中，而不留其他的选择余地呢？为什么我们的大众文化就必须要迷恋重复的事物，而非增加多样性和多元性呢？主题公园的建造竞赛和充满里亚托桥的虚假威尼斯，引发这些的因素都不是文化的民主，而是一种对我们的过去和多样性提出的标准化和绝对化的过分要求。这并不是民众的和谐共存，而是特权阶级所拥护的旧习俗，想要为自己保留真实的快乐。同时，他们用家长式的虚伪，把苍白的复制品当作礼物送给大众。除了吞噬的愿望，这些措施对于其他的不同事物没有任何兴趣。它们把这些复制品变得商业化和中性化，以至于不再代表单一的主流文化。历史可以被贩卖，这样的话已经说了一遍又一遍。当然，只要它有诱人的包装，只要它能被消费。

选择新的标志性遗产，以便将它们作为威尼斯的真实缩影而推销出去（虽然只是用劣质材料建成的缩小版），这种行为揭露了凌驾于民主之上的专制机制。有些人能决定哪些物品足够的传统性和有代表性来概括威尼斯，而另一些人则不得不接受这些决定，或者说是被说服而去买单。这种对艺术和历史传承的专断选择已经形成了一个强大的过滤器，去除了任何复杂的概念，导致了整体的扭曲。这个过滤器拒绝识别由历史和文化记忆积累起来的多样性。相反，它强制地吞噬了不同于同质化的一切东西。它让真实屈服于虚假，让复杂屈服于简单，让永恒屈服于暂时。它用模拟这种单一的方式来展现文化多样性，在这一过程中掺假以便贩卖。然而这种模拟距离仿造只有一步之遥。文化理论家让·鲍德里亚（Jean Baudrillard）写道："仿造永远不是它所掩盖的事实，而是事实掩盖了这里一无所有的真相。仿造才是唯一的真相。"

这种操纵文化的机制通过在他处克隆威尼斯（在中国和美国）发挥作用，毫无疑问在将来依然会继续显现。但是，这对威尼斯的影响又是什么呢？人们认为每一处新的克隆体都会为那个建于潟湖之上的城市增加荣耀和多样性，但事实并非如此。模仿的病毒已经慢慢侵入了威尼斯，并使它落入陷阱，就像一面能吞噬照镜人颜面的镜子。更确切地说，就像一面取火镜，并不只是收集光线并使之反射，而是将光线集中到一个小区域而用于燃烧和摧毁。威尼斯的居民不断逃离，城市的公民意识和文化记忆也随之消亡，威尼斯的丑陋面逐渐占据上风并快速扩散。由此，匪夷所思的事情一再发生：一个仿冒的威尼斯在真正的威尼斯之旁，使得虚拟的事实被掩盖，历史的真相被吞没。在犹大环旁建造威尼斯乐园的计划尤其令人发指，因为它建议将仿冒品直接置于真品之前。事实上，这个计划也建议将两者并排放置以互相竞争。由此，城市讲述自身故事的能力将被大大降低：不只是模仿它，更是以展现它的形式来描绘一座由石头搭建而成的城市。它并非由纸张构成，易膨胀而不会破碎，真实而不是虚构。

威尼斯乐园和它的同胞们跟购物中心非常类似，而它们的相似点也说明了每样事物都有其价格。任何事物如果不能买卖，那它就毫无价值。事实上，它已经假定了一个仿冒的威尼斯比真实的威尼斯更有价值。尤其是，前者具有市场价值，也具有宣传价值。但是这个特定的项目却泄露了一个秘密：威尼斯正在失去人们对它的认同感，反而试图在别的地方以更昂贵的代价去寻找这样的认同感。这座城市奇迹般的美丽逐渐消失于每一位居民面前，人们对它的认同感也随着时间逐渐减少，就像一位临终的老人。

威尼斯复制并折射自我，就像一面破碎成千万片的镜子，其碎片依然可以反射出光线。但是，在如此史无前例的场景中，这座城市正冒着失去灵魂和生命的极大风险。它并不认可自己的独特性与不可分割性，而是冒险让自己陷于令人眼花缭乱的仿制品中。它并不汲取自然资源、思想和城市生活的创造性，而是冒险让自己迷失在谵妄的仿制品中。它并不增强居民的公民意识和文化记忆，而是将精英主义、历史及流行文化和自我解构混淆在一起。然而，不论是民主还是政策，都不会很快发生。一座没有居民的城市就等于是一座没有市民的城市，唯一能留下的东西只是一个单薄而单调的时代精神，一个商品交换的露天市场。在那里，凡是无法卖掉的货品都会化为乌有。威尼斯当然可以被复制，这是事实。人们也可以在多样性的名义下这么做。但是威尼斯具有凌驾于复制品和仿冒品之上的优势：它不用假装拥有多样性，因为它本来就具有多样性。

第十二章　边缘

　　城市包括什么？居民和房屋、教堂和广场、街道和宫殿、公共和私人场所、声音和灯光，事无巨细。既有注定短命的劣质建筑，也有能屹立千百载的恢宏纪念碑。这里有私人和家庭领域，也有公共和展示领域；有专门为政治和宗教仪式准备的场所，同样也有特定区域以供市场、社交、娱乐、运动、学校、文化、法律和健康服务的运作。在每座城市中，这些组成要素都独一无二，以不同的方式彼此互动。也正是这种多样性使得城市成为人类文明最重要、最多彩、最有希望的文化作品。

　　每个城市都是历史和记忆的剧场，是一件整体艺术作品（Gesamtkunstwerk），是形态与模式的合集，是战争与和平的档案馆。它反映了政治现实，激发了文学创作。然而每座城市都按照自己独特的方式运行，也不断阐释和改造着自己，不断地重生。城市形态包含了所有的城市，但又不与任何一座城市相似。每一座城市都有着自己举世无双的特质。千万次的改变共同绘就了城市曾经或未来形态的虚拟地图：希腊城邦和罗马殖民地、中世纪公社和人文主义者的理想城市；意大利、荷兰、美国和中国的大都市圈；贸易城市、工业城市和后工业城市。

人们不仅可以从文学作品中找到各种类型与层级，也可以在日常生活中找到。但是，在城市的概念里总有一些常量。首先，最首要的是空间的划分及其各自的功能。亨利·列斐伏尔（Henri Lefebvre）曾称之为"社会空间的产物"。这是经济、政治和文化发展的产物，是改变公共和私人、世俗和宗教、功能和象征之间平衡的准则。随着时间的推移，每座城市都会产生自己独特的空间表现形式和意义，从中反映出无形的城市以及它独一无二的故事、见识和仪式。城市空间包裹并塑造了其居民的肉体，侵入了他们的记忆，反映了他们的思想和价值观。有形和无形的城市互相渗透，就像身体与灵魂一样。在我们所处的这个时代，每座城市的居民都应该参与公共生活，这点尤为重要。即便对新来的移民，即未来的新欧洲人来说，也是一样。

城市空间里的第二个重要常量有明确的界限，即标志着城市结束而其他事物开始的一条边界。历史城市受限于它本身，与是否被城墙包围无关。罗穆卢斯（Romulus）未来成为罗马的地方所留下的沟犁就是最有力的范例。城市就是如此，它起源于某个特定时间和有限空间的界限中。因为城市是在特定的一天建立的，它有着特定的行为和仪式，受特定的规划启发，并建立在预言（或设想）中的理想位置上。任何城市的持续扩张［以罗马为例，塞维安城墙（Severian Wall）、奥勒留城墙（Aurelian Walls）和在二战后建立的环状高速公路枢纽〕都对应着城市生活新的界限、猜想和对策，就像人类和建筑共同组成了一个有机体。然而，正如列斐伏尔所指出的，城市的社会空间"置身于自然之上"。城市的界限被乡村这一城市自己创造出的自然空间清楚标识，而乡村则构成了城市必要的视野。

历史城市由双重关系定义：与人类的关系（居住于城市内的居民）和与自然的关系（周边的乡村）。居民的身体尺寸自然地决定了城市中什么是小的（房屋）和什么是大的（象征权力的宫殿、祈祷用的庙宇和市场上的神殿）。从统治者的宫殿到承载着银行或公司的摩天大楼，建筑的力量感或征服感都会用其纯粹的意图来驯服个人的身体和意志力。城市周边的自然钟爱广袤和辽阔，在普林斯顿大学（Princeton University）英语语言文学教授苏珊·斯图沃特（Susan Stewart）的眼中，都是出于以下原因：

> 我们与广阔自然之间最基本的联系就反映在与自然地貌的关系上。这是我们与自然最直接且与生活最紧密相连的关系，因为它就在我们"周围"。在这段关系中，我们的地位就如同微缩品。我们被这样的广阔笼罩和包围，并依附在其阴影之下……我们穿行于地貌中，但地貌并不穿行于我们。人类在自然界中抽象的投影构成了人与地貌间最常见的关系。

然而，广阔的自然属于每一个人，也因此得以保持自然和文化之间的平衡，虽然这种平衡正在不断被城市建筑的阶级化削弱。

边缘作为城市结束的地方，所起的作用极为重要，因为它不仅为城市这个整体赋予了凝聚力和意义，也代表了与自然空间的界限，以此体现了一种完全平等的限度。几百年来，意大利传统城市的边缘与市民的实际经验联系在一起。市民不断往来于乡间和城里，经历着缓慢（几乎感觉不到的）过渡。自然转化的优点不仅在于大自然如同刻意般的鬼斧神工，也在于城市从远处可以观见的紧凑形象。这也解释了为什么佛罗伦萨和那不勒斯分别于1531年和1566年颁布了法律，禁止在城墙外部的过渡带建造任何建筑。

城市边界的消除，往往伴随着城墙的全面解体。就像在19世纪晚期到20世纪初期在佛罗伦萨、摩德纳和弗利发生的一样，它们共同催生了戏剧性的视角转换。无形的边缘在城市周围像野火一样蔓延，用历史保护专家布鲁诺·扎纳尔迪（Bruno Zanardi）的话来说，就是"用致命的夹钳挤压历史中心区，并由此导致了严重的恶化"。如今，五分之一的意大利人——在未来会增加到三分之一——住在一个界限模糊的环境中。在那里，空间的分级、公共和私人空间、大与小、过去和未来、文化和自然都已混淆不清。许多地方的古代遗址都有化石遗存被零星保留下来，但即便最具备考古学思维的专家也没法分清其中城市与乡村的边界。新型郊区的结构只受房地产收益和投机行为，而非公民意识和集体认同的支配。现在，是时候像扎纳尔迪所写的那样，"通过为城市设立边界来限制郊区的无序扩张"，并且"将历史中心区与其外围相接"，再度建立城市与其市民之间的关联。

这个视角中独特的一点是，威尼斯依然安居于它的水系所构成的城墙中，这一案例绝无仅有。人文主义者乔瓦尼·巴蒂斯塔·奇佩利（Giovanni Battista Cipello，1478 – 1553）又名埃格内修斯（Egnatius），是伊拉斯谟（Erasmus）和阿尔杜斯·马努提乌斯（Aldus Manutius）的朋友。在现藏于科勒博物馆的 16 世纪拉丁铭文《埃格内修斯法令》（Edict of Egnatius）中，他这样描述威尼斯：

> 是上天的旨意让威尼斯城建于水上，被水而非城墙环绕和保护。因此，有谁敢以任何方式破坏公共水路，谁就是国家的敌人，就要像破坏城墙一样受到严惩。法令即刻生效，永不改变。

如此严肃的语气，以拉丁语表述，并用大写字母镌刻在大理石上，这一系列事实都让这段铭文独一无二。更为独特的是，虽然它并不是威尼斯共和国的官方文件，却仍然保留在水务局（Magistrato alle Acque）里。不管文件的初衷是什么（一种人文主义的虚构，或是为了看起来像圣谕?），它帮助我们理解了威尼斯及其边缘无与伦比的风景——潟湖。

威尼斯紧密而具有独创性的社会空间和文化空间，如果失去了城市和潟湖的共生关系，将会变得无法想象。空间的语言"既是建筑代码，也是城市和政治代码，共同构成了一

种适用于村民、城镇居民、当局和艺术家的共同语言。这种
代码让空间不仅可以被'阅读',也可以被建造",列斐伏尔
如此写道。而潟湖与威尼斯的关联还不止于此,因为整个城
市在水陆两界的文化、艺术、宗教和经济生活都与之息息相
关。威尼斯被潟湖包围,就像是牡蛎里的珍珠,它从不认为
潟湖是一个障碍或是一片中立地带。宁静之城数世纪以来的
法律明确地表示:城市、岛屿和潟湖形成了一个整体性的、
无与伦比的生态系统,维持了自然环境和人类活动之间的平
衡。潟湖是城市的基础,随着时间的流逝而与城市一同变化,
折射出美和历史,成了某种不可复制之物。没有了潟湖,威
尼斯也将泯然众人。

因此,自 16 世纪始,威尼斯的地图把城市绘于沿海标识
线的中心,将它与远海分隔开来。潟湖上小岛星罗棋布,每
一座岛屿都有各自的田地和钟楼。因此,建立于 1505 年的水
务局无情地下令开凿运河和水湾,或是重新引导水路。然而,
自古形成的平衡被多个因素的联合效应打破了,其中包括马
格拉和麦斯特的工业化发展及房地产建设(导致了蓄水层枯
竭)、海底沉降、创造可通航的水道(比如 Canale dei Petroli
和邮轮运河)以及在潟湖和大陆之间树立起障碍。如果我们
不想继续"误读潟湖"〔*Misreading the Lagoon*,莉迪亚·费
索士(Lidia Fersuoch)著〕,那么就应该开始保护遗址、建
立沙洲和半潜式延伸的地块、调节潮流、为丰富的植被提供
温床——从而使其通过吸收水流中的悬浮沉积物获得再生,
以阻止情况的恶化。但是,如今潟湖的许多岛屿,如帕拉德

（Palude）的圣贾科莫麦当纳蒙特岛（Madonna del Monte San Giacomo）和阿尔加（Alga）的圣乔治岛（San Giorgio），已经被完全抛弃，化为废墟了。

意大利从诸城之地到无序郊区的转变会侵蚀威尼斯的独特性吗？这座官僚主义发明的"大都市"能被载入宪法中，还要多亏2001年宪法第五章修正案。这份修正案旨在许可城市蔓延，并将其作为国家住宅结构的重要组成部分来推动。然而，我们却比此更甚一步。我们创造了新郊区，允许它盗用城市的名字，只为使历史城市的灭亡合法化。在自然灾害袭击阿奎拉城后，政治家们如此讽刺地将这座城市变为一座实验基地。这样做不仅破坏了城市的历史中心区，也破坏了城市的灵魂和社会性。为了完成这项任务，当局还采用了新的词语来描述这些2006年4月9日地震之后在城市周边迅速兴起的街区，把它们称为"新城区"。

就像许多其他城市一样，阿奎拉诞生于各分散定居点的交会处。13世纪中期时，有着星罗棋布城堡的阿布鲁佐区（Abruzzo）决定建造一座新城，以便组织起居民而使本区变得更有活力。有一个非常美丽的希腊语衍生词能恰当地概括这个汇聚的过程——从synoikismos衍生而来的"村镇联合"（synoecism）。我们能认出oikos这个词，它的意思是个人的房屋，也指代社区房屋，或属于所有公众成员的公共房屋。它也是"生态"（ecology）和"经济"（economy）等词的词根。根据历史和各种神话，村镇联合促进了类似雅典和罗马城市的形成，即由古代村庄合并成为"城邦"（poleis）。然而，阿奎拉是代表意大利中世纪时期村镇联合的最佳范例。根据传说，99座城堡合并成为一座城市，并通过建造教堂、命名街区保留原有的中心认同感。作为历史和公民程序的一部分，它将自己铭刻在集体意识中，将欧洲的城市理念定义为生活、经济活动和文化习俗的共同体。

这座恢宏的城市并非毁于地震，而是毁于人祸。在自然灾害发生以后，有必要将居民搬出历史中心区的危险建筑。在以往的相似例子中，当地人口暂住于这里的同时也参与了城市的重建。但是，阿奎拉正好相反：历史城市被清空，城市面临未知的命运。与此同时，19座新的卫星城却在郊区和城市外围蔓延，而且完全不考虑配备酒吧、报刊亭、广场、学校、教堂或公共集会场所。这些在农业土地上匆匆搭建起来的居住区，拥有一系列租赁给流离失所者的公寓。入住的条件是他们放弃回到原来的家园，甚至放弃携带哪怕一张床或桌子的任何物品，因为他们的新家已经装配了所有的家具。由此，城市的社会结构被彻底割裂。这种记忆和社会活动的阻隔是计划中的一部分：放弃历史中心区，建立实质是非城市的永久新城。

今天，阿奎拉还剩下的就是空荡荡的城市中心和零星恢复的一些遗迹，但房屋是空的。这完全颠覆了古代建村镇联合的进程。城市和社会结构的解体可以很好地用一个希腊词概括：exoikismos。这是一个圣经和宗教术语，用来指代犹太人的大流散（拉丁语为transmigratio）。它所对应的动词是exoikizo，如果用柏拉图（Plato）的话来说，是用于描述或比喻用政治行为来驱赶城市居民。在柏拉图的《高尔吉亚篇》（*Gorgias*）中，他认为真相也可以从一个城市中被放逐（exoikistheisa）。

语言是誓言，是自白，是磐石。什么是"新城"？为什么这个英文术语会成为意大利的政治用语？这不只是对占据我们这个时代统治地位的语言的致敬。这种表达方式的使用，其实透露了更具冒犯性的层面。有人也在 Aqualta 2060 项目中使用了这个词，旨在建造一圈摩天大楼，将威尼斯围起来。新城实际上是一个很有意思的城市规划实验。1946 年，英国颁布了《新城法典》（New Towns Act），其灵感来自埃比尼泽·霍华德（Ebenezer Howard）于 1898 年的"花园城市运动"（garden city movement）中首次提出的设想。英国的第一座新城是人口低密度的居住区，它建于伦敦郊区以缓解城市发展和城市化进程。设想中，这座新城将成为社会活动进行的地方，充满商业和社会服务区域、公园和住宅街区，每座房屋都拥有自己的花园。快速连接新型花园城市和伦敦间的公共交通网络已经就位，城市和农村之间的和谐关系也在展望之中。这个实验立即在意大利引起了一些风波。风波在随后时间中能顺利平复，一部分原因是劳伊德·洛德温（Lloyd Rodwin）1956 年的著作《英国新城政策》（*The British New Towns Policy*）于 1964 年出版的意大利译本。

从中可知，在伦敦的案例中，城市和乡村合并为一。但是在阿奎拉，乡村只是被简单地摧毁了。在伦敦的花园城市中，公共绿地和私人区域得到了很好的平衡。而在阿奎拉，居住社区被随意建造。伦敦认真地设计了社会空间，而阿奎拉的社区生活则完全地被抹去了。如果阿奎拉城里的中世纪雕像曾呼唤它的居民放弃建造个人家园，而是先建造广场、喷泉和教堂以供集体使用，那么，阿奎拉随后的命运就足以让人悲叹了。13世纪的中世纪规范和新城的野蛮行为，这两者之间的对比如此明显，并不需要特别说明。但是，"新城"这个称号既是错误的，也是不敬的。事实上，英国在二战之后的实验更接近于13世纪的阿奎拉，而不是其在21世纪的化身。然而，即便是意大利的历史，也违背了此前那些成功的先例。亚历山德罗·罗西（Alessandro Rossi）在斯基奥（Schio，1870－1872）、克里斯匹德达（Crespi d'Adda，1875－1893）和圣卡罗苏威（San Carlo Solvay，1922）设计的村庄，都配有学校和社会服务机构。油气公司意大利埃尼集团（Eni S. p. A.）总部设于米兰东北方向6英里处的圣多纳托米拉内塞（San Donato Milanese）。据公司总裁恩里科·马太（Enrico Mattei）介绍，这座新城为员工提供了"三居室的住房、网球场、游泳池、健身房、教堂，以及为孩子们准备的小型动物园"。这些都发生在贫穷的战后意大利。然而，它们仍然孕育着自己的记忆，照料着自己的市民，不像如今的意大利。它们展望着未来，还能创造工作、发展繁荣。

　　如同阿布鲁佐区的新城，成千上万处于持续膨胀和分解中的郊区，在缺少公共场所和社区生活的情况下，已经沦为宿舍。威尼斯也会如此吗？将城市围困在由建于水面上的摩天大楼构成的牢笼中，这并不是让这座城市沦为一种化石般陈腐生活方式的唯一途径。我们见证了威尼斯历史中心区居民的流失，一夜之间大量人口迁移到大陆边缘，如雨后春笋一般。我们曾仔细思考是否将威尼斯变为威内托大区众多的街区之一；我们目睹了将城市最高楼建在威尼斯还是马格拉的激烈争论；我们也见证了城市被邮轮入侵，摩天大楼日益侵蚀威尼斯和潟湖。所有这些毫无灵魂、毫无未来的现代化标志正在恐吓这座曾经名为"宁静之城"的城市。如果我们不能拯救威尼斯和它的水域、它的中心区和外围、它的沙洲生态系统和总督治下的历史、它的提香艺术及沿海防御坝，那么威尼斯的命运就只能如此：在中心建造一座主题公园，为游客建造一座迪士尼乐园，在外围建造一处不伦不类的地方，在大陆上建造一座新城。马格拉是 1919 年由彼得罗·埃米利奥·埃默尔（Pietro Emilio Emmer）设计的一座充满英式风格的花园城市。它的建造本是为与工业区保持平衡，而今天，马格拉工业区的消亡已经成为比治疗疾病更糟糕的借口。

　　奥尔罕·帕慕克（Orhan Pamuk）在《物体的纯真》（*The Innocence of Objects*）中写道："似乎我们一旦发现了物体的秘密，就免不了心碎。我们必须谦卑地服从这个终极秘密的真相。"因此，在这个特定的命运结束之前，或许是时候去聆听威尼斯的心碎了，在一切还没有太晚之前。

第十三章　拥有城市的权利

　　如果确切地知道，在我们去世一个月后会有一颗巨大的小行星撞击地球，毁灭所有人类活动的痕迹，那么我们现在的生活会有怎样的变化？或者说，假如我们知道明天所有的人类都将因无法生育而走向灭绝，我们会怎么做呢？我们的日常行为以及所坚持的观念会因此改变吗？如果会，又是怎样的改变呢？我们都知道死亡不可避免，但如果意识到整个人类都将化为虚无，我们每个人又会有怎样的变化？这些是哲学家塞缪尔·舍弗勒（Samuel Scheffler）在他的新作《死亡和来世》（*Death and the Afterlife*）中提出的问题。书中，他以极大的紧迫感，花了许多篇幅来讨论这个问题：

　　　　从某些具体功能和动机的角度来看，终有一天，我们和我们所爱的每一个人都将不复存在，那些我们不认识、不知道确切身份的未来人类也都会消失。前者与后者对我们一样重要。或者更积极地想，我们不认识也不爱的人，他们的存在比我们自己和我们所知所爱的人的存在更为重要。

不论是否相信人的灵魂可以永生，我们的文明建立在舍弗勒所说的"集体来世"（collective afterlife）之上。这是一种超越我们个人死亡的集体生命，或者就像托马斯·内格尔（Thomas Nagel）在给施弗勒的书评中所写的："不仅是当下人类的生存，更是个人死亡后整个人类的生存和延续，这才是我们死后未来人类的生命。"如果我们对如此重要的"集体来世"缺乏关注，那只是因为我们把这视为理所当然。然而，这种描绘人类末日的实验可以帮助我们认识到它的重要性。

舍弗勒的"集体来世"理论在讨论未来人类的权利方面给了我们一个全新的思路。这个观点看起来似乎与启示录思想密不可分，事实却并非如此。它让我们活动大脑，或者它就是一种对感觉和情绪的操练，来提醒我们自己所思所做的大多数事情很快会失去意义，除非这些事或多或少有意识地超越了我们个人的生活。每当讨论未来人类的权利时，这样的对话通常都会被限制在道德、法律和政治层面（各代之间的团结、共同利益、个人和社会责任等），我也是如此。例如，我在新书《民众行动》（Azione poplare）中引用了尼采（Nietsche）所说的"遥远的爱"（love of the distant）以及汉斯·约纳斯（Hans Jonas）的"责任的迫切性"（imperative of responsibility）。通过强调人类学结构、个人和社会心理学，舍弗勒将论点从道德领域转移到动物行为学领域，并认识到社会行为中面向未来的那部分内容。因此，以牟利之名蹂躏城市和风景的贪婪现代主义，被理解为一种社会病理学，它应该被重视道德责任感和执行力的教育修正。

为了建立一种社会性的生活方式并使其自身长存于世，城市成为实施未来规划的最佳地点。因此，历史城市的解体、大都市的单向思维和城市模式多样性的消亡已经影响了人们的行为。它们推行了实践公民身份的新方法，也深深改变了城市本身以及涉及民主、经济和不平等等话题的公共话语。这就解释了为什么近年来从伊斯坦布尔到纽约最流行的抗议活动，都具有鲜明的城市性格。在城市中为了城市而抗议：权利对于城市就像一个民主剧场，是这种新意识的核心部分。城市作为一种平衡手段，协调了街区肌理、建筑结构与公民个人尊严之间的关系。

亨利·列斐伏尔所著的《拥有城市的权利》（*The Right to the City*）出版于 1968 年 5 月巴黎学生暴乱前，迄今已近 50 年。由于城市形态的贬值和大城市的崛起，这一思想亟须彻底重新考量。为了定义城市的权利，戴维·哈维在 2012 年出版的《叛逆的城市》中给我们提供了一个类型框架，以供通过共同利益和公民性的新维度了解其不可剥夺的权利：要了解这些权利是怎样以及被谁践踏的第一步是什么，也要了解在第一时间里重新夺回这些权利的第一步是什么。城市的建立和扩张得益于其隐性价值，也反映了其社会形态。因此，正如哈维所写，"人类在建造城市的过程中也重新改造了自己"。尽管如此，世界的商品化却抛弃了这种原始价值，并将其转化为交换价值：只有当城市能够带来价值时，它才是有价值的。这意味着城市也可供出售。城市文明事实上是一种生态文明，它创造了行为模式和生活方式，并由此产生一系列物品、价值和实践，甚至影响了非城市地区（例如山区或乡村，等等）。城市文明是有传染性的。

城市和乡村的界限变得越来越模糊，而这一过程产生了两种不应被混淆的对立反应。一方面是城市的转移。中国等国的大规模城市化已经引发了城市形态的分化，导致了社会和环境的不均衡。不仅如此，为了遵循这一发展模式，就连历史城市也被肮脏的郊区弄得拥堵不堪。大都市的膨胀正好与历史城市的消亡相吻合。城市从内部开始横向生长，就像野火或熔岩一样扩张。它吞噬了旧的乡村，留下了既不适合农业也不适合居住的大量残余，形成了一片灰色地带，一片无人区。植物学家吉勒斯·克莱蒙（Gilles Clement）称之为第三景观，一片会招来不安全感和集体与个人间紧张关系的"摇摆不定的地区"。

而另一方面，城市和乡村之间的互相渗透也可以形成一种过渡文化，在居住于乡村的市民和使用城市工具的农民之间形成一条强有力的纽带，就像在荷兰。雷姆·库哈斯把这片既不是乡村也不是城市的过渡地带称为"中间之地"（Intermedistan）。在这片区域中，一些愈发依赖科学技术的农业活动越来越多地在城市外围地区展开，而这里的人们也正寻求一种更真实的生活方式。库哈斯所分析的这片9000英亩大的条状地带位于阿姆斯特丹这座历史城市和一座 2009 年正式开业的名为"太阳城"的新城之间［Stad van de Zon 意为"太阳城"，以示对太阳发电而非对 17 世纪哲学家托马索·康帕内拉（Tommaso Campanella）所提的乌托邦的赞同］。

分析和管控这样的发展是一项紧要的任务，而今天的城市规划对此却鲜有涉及。意大利体系的原罪在于各区之间缺乏法律间和景观保护间的合作。很大程度上，这是法西斯时代的立法残留，其中有些直至今日依然被遵循。正如我在 2010 年出版的另一本书《景点、宪法和水泥》（*Paessagio*，*Constituzione*，*Cemento*）中试图解释的，我们现在几乎假装意大利是个遍布景点、没有城市的国家，或是遍布城市而没有景点的国家（想象一下！）。如此的结果将会是一个混乱的"第三景观"（third landscape），而不是规划中的"中间之地"。这意味着巨大的浪费，而不单单是另一个失败的机会。

在一个不断变化的世界中，拥有城市的权利也是拥有乡村或自然的权利。这必须取决于作为一个调解空间（speace for mediation）——就像列斐伏尔所写的——城市

位于一个接合点之上，所谓的社会"近态"（near order）和"远态"（far oder）之间。"近态"指的是不同大小的团体中个体间组织性、有结构性的关系，以及各团体互相之间的关系；"远态"指的是大而强的机构（教会和国家）、成形的法律条规，以及"文化"和其相似物。

　　然而，历史城市的形态也与空间及调节个人和社会团体间关系的机制有关。历史城市的形态是紧凑的、可识别的、有意义的。这是一件已成形的事物，却像生物体一样不断生长。它是可渗透的，让你能穿梭其中去了解并记住它。它呼唤权力和价值的体系，但也赞同变化。就像一门语言，在保留原有结构的同时也欢迎新增词汇。城市本身是一门拥有可识别的、成文的、多样性的地形学，因此它能帮助人们浏览其街道。它提倡独特性、自尊和认同感，但也与其他城市（其他认同、其他独特性的形式）有交流。它包含了一代又一代人和不断演变的制度。它引发辩论，让人们来熟悉它。根据 1309 年锡耶纳宪法中令人敬仰的条文所言：

　　　　城市的统治者必须以城市之美为重：事实上我们的城市必须要有体面的装扮，其建筑需要保存和修缮，因为城市必须为锡耶纳市民提供自豪、荣誉、财富和成长，同时也要为外来游客提供快乐和幸福。

　　一种有关比例和标尺的关系存在于公民主体和城市主体之间。在一座意大利的历史城市中，那些属于社区或地方领主的隐约可见的钟楼、教堂和宫殿、教会学校与大学的密集建筑、富豪们房屋的外墙、手工作坊、贫民街区、集市小巷，通向墓地、山区、城门和城墙的路，所有这些都交织在一起。它们欢迎市民，但并不吞噬他们。有时它们支配市民，但从不羞辱他们。它们宣扬社会等级，但也以平等的名义提供了如广场和市场之类的公共场所。它们促进了社会稳定，也保证了社会流动性。城市形态和社会团体并非水火不容，而是相互融汇交流的。因此，城市是艺术品，而不只是物品。一座城市不仅由城墙、教堂和房屋组成，也由文化和社会关系构成。城市伴随着建造城市的居民而共同呼吸和成长，并随着居民而变化。因此，城市以居民的血肉为生，也以仪式作为回报。这并不是因为它们一成不变，而是因为它们不断变化。

如果以此作为一种社会需求来讨论，那么拥有城市的权利则基于人类学。就像列斐伏尔所写的，历史城市：

> 包括了对安全和开放的需求，也包括了对确定性和随机性的需求，对有组织的工作和娱乐的需求，对可知和不可知、相同和不同、孤立和相遇、交换和投入、独立（甚至是孤独）和交流、短期和长期的需求……特定的城市需求是不是指合规的地方，具有同时性和偶遇的地方，价值交换及商业和利润之间的交流不会互相干扰的地方？

历史城市包含了经验、文化和情感的交流，这一切都多亏城市为此提供了场地，而非为其标价。最后，拥有城市的权利和拥有自然的权利不仅仅是赞美：它们是相同的。在"中间之地"代表的过渡文化中，拥有城市生活的权利意味着，根据认同城市作为他者的摇篮和多样性家园的规划而改变。这样的权利被戴维·哈维称为"有限的可能社会空间，其中'不同的东西'不仅是一种可能，而且对革命轨迹的界定起着基础作用"。

就像哈维指出的，作为社会各阶层共同创造的产物，城市从本质上而言是依据工作原则建立的：过去几代人的工作，以及为子孙后代提供工作的能力。作为一个缩影和一个思想熔炉，城市以自身的多样性为食：其内部同质性的缺乏增强了其人类学的深度，引起了市民和游客的注意，并为他们的经历带来乐趣。甚至是那些随着时间推移而变得"无用"的建筑，就像罗马斗兽场，也并不是那么无用。它们体现了深刻的历史变化，让人思考取舍，也帮助培养人们对不同文化，即其他文明的渴望。与吞噬这个星球的那种沉闷而单一文化形成鲜明对比，历史城市是一架会思考的机器。它使我们思考自身以外的其他事情，由此帮助我们在这个过程中了解自己。

据哈维所说，如今流行的"拥有城市的权利"运动首先兴起于巴西，随后传播到世界各地，从萨格勒布到多伦多，从汉堡到洛杉矶，从曼谷到墨西哥城，又从雅典到巴黎。有时候，这些运动演变成那些由边缘群体占领城市中心区而引发的城市骚乱。他们"寻求收复他们失去的城市……界定一种不同于资本主义开发者和国家强加于他们的城市生活方式"。因此，这一运动宣扬一种对城市的集体所有权，拒绝以利益为本质的土地征用，并要求民主管理城市以凸显共同利益。

由于民众的抗议及对法律与道德的积极讨论，巴西政府在 2001 年明确承认了拥有城市的权利。这项权利：

> 保证了拥有可持续性城市的权利，即可理解为当前和后代市民对城市土地、住房、环境卫生、城市基础设施、交通和公共服务的权利，对工作和休闲的权利；建立由人民和各群体代表共同参与、执行和监管城市发展项目、计划和方案的民主管理体系。

巴西的宪法对拥有城市权利的总体概念做了有力的表述："旨在为城市社会功能的全面发展立规，保障其居民良好的生活，确立公共利益先于个人权利，并确保空间使用价值先于交换价值。"

巴西"拥有城市的权利"运动借力于宪法对财产社会功能的承认，这在 1988 年宪法中有明确的表示（第 5 条第 23 款）。而这项特定的条款在其他一些欧洲国家中的历史更为悠久。如魏玛共和国 1919 年宪法的第 153 条："财产规定了义务。其所有者使用时应同时为公众利益服务。"这成了意大利制宪会议激烈争论的开端［此事我在《民众行动》（*Azion Populare*）一书中讨论过］，最后导致了意大利当代宪法第 42 条的产生："财产为公有或私有。经济物品属于国家、团体或个人。个人财产受法律认可及保护，法律将确认其获得方式、使用方式及其限制，确保其社会功能并使其向所有人开放。"制宪会议中的基督教民主党（Christian Democrat）代表保罗·塔维亚尼（Paolo Taviani）引用德国先例说道：

> 由土地生产的货物将用于公共物品，而非私人财产；在自然经济秩序的基础上，人人享有对共同利益的社会权利，宪法必须以全体人民的利益为主，约束国家领土的合理价值，从而为更公平的社会关系创造基础。

前最高法院法官保罗·玛塔莲那在他的新书《领土是意大利人的共同财产》（*Il territori bene comune degli italiani*）中指出，这是个至关重要的问题。

在被列斐伏尔称为"独一无二的、原版的和原始的"威尼斯，即使迷茫也成了美德：在远离喧嚣道路的迷宫般小巷中迷失自己，可以不断发现美丽的新景点和历史古迹，这些瑰宝般的新发现仿佛无穷无尽。城市主体模仿、重复、增强着市民主体：它欢迎并引导着他，和着他的声音和脚步，引导其走上街头和桥梁、河道和广场，那里的韵律与河流比世界上任何地方都更和谐。这创造不仅是由总督和十人委员会、贵族和商人集体塑造的，也是由工匠和水手、玻璃工人和军械工人、男人和女人、威尼斯人和斯拉夫人、希腊人和犹太人、牧师、画家、音乐家、木工和律师一同造就的。威尼斯为其居民获取了拥有城市的权利，而这项权利在这个城市是至高无上的。这同时也意味着拥有自然的权利，也是通向千年来对威尼斯生活和历史不可或缺的潟湖良好生态环境的权利。然而，潟湖这堵非凡的保护墙已经无法阻止这座历史城市染上疾疫。即便是威尼斯，也在郊区城市化的过程受到了致命的伤害。郊区城市化清空了城市的居民，降低了他们的社会多样性，增加了不平等性，将年轻人和无家可归者赶到了外围。即便在威尼斯，说到拥有城市的权利，也意味着积极反对那些将历史城市作为房地产投机和不受控建筑实验对象的行为。即便在威尼斯，民主的健全也取决于市民是否成功地保卫了他们的权利。这些权利包括了共同利益和财产的社会功能。没有拥有城市权利的城市只是一个没有市民的空壳。

第十四章 "公民资本"与工作权

　　每当谈起共同利益或公共利益，那些无法独立思考的顺从者经常会重复同样的口头禅：在经济困难时期，金钱是唯一重要的东西，其他都是奢侈品（甚至权利）。因此，让我们试着用市场经济的语言和术语来思考拥有城市的权利。我们会从两个趋同的观点来考虑：垄断租赁和公民资本。

　　每座城市都想增加它的吸引力和创造力。在一个被竞争主宰的世界中，城市渴望变得独一无二并优于其他城市，展现它的象征性资本（symbolic capital）。每座城市都应该试图保留自己的独特性，并将这种独特性视作一种垄断，使没有其他任何一座城市能盗用在自己身上。一座城市越是独一无二，就越应该这么做。然而，为了保留这独特性并将其运用到未来项目中，人们必须首先了解并视其为不可或缺的东西。反之，我们对其的忽视会颠覆已有的价值体系，因此也就不会重视每座城市的独特性，而是将所有的城市都同质化。与滋养全球化的迷信心态相伴，这种同质化希望所有的城市都是一样的（有连锁酒店吹嘘他们在新加坡的会议室与在里斯本的一模一样，所有的布局、墙上的装饰画、家具、咖啡杯和玻璃杯都是统一布置的）。哈维指出，这种以现代性的名义追求千篇一律的受虐般欲望，甚至正在侵蚀例如巴塞罗那和柏林这样有着强烈历史文化传统的城市的辨识度。

象征性资本和垄断租赁仅仅是出于表述方便，是一种仅用几个词就能概括包含时尚现象的复杂概念的比喻手法（哈维就在他的《叛逆的城市》中使用了这种方式）。即使他们想要表达一些非常重要的观点，也不应该过于从字面意思上理解：城市的强制同质化旨在培养多样性。从市场观点看，这是一个非常严重的错误。公民团体为旧历史街区的拆毁或剧院的关闭而抗争，他们为城市所做的——从严格的经济层面看——比那些希望占有这些地方以使它们标准化的人更多。因此，对于那些想要挥霍象征性资本的人，城市有权利和责任去对抗，尤其是这些资本是经过了其他市民几百年的辛勤工作才累积下来的。他们有权利这么做，不仅以历史的名义，也以未来的名义。

失去自我意识的城市已经加入了标榜自我的竞赛中。这是一种类似时装店、酒厂和工厂等之间竞赛的最新商业形式。有些专家能很快地为古代地区设计商标。他们空降到一个一无所知的地方，立即就能设计一句口号、一个标志，或一份战略策划。每座城市之间都所差无几。多亏市民辛勤的劳作和创造力，每座城市才获得了历史积累下来的象征性资本，但它也因此被挥霍和被草率而肤浅的规划取代。如果一座城市历史并不悠久，或者特征并不鲜明，这或许可以理解。但是，这种品牌化的行为显然不适用于特点极强的历史城市。然而，他们还是愚蠢地建议威尼斯去寻找新的特点，这使威尼斯的声誉也受到了影响。就在 2002 年，市政当局开展了一场征集城市标志的国际竞赛，目的是"保卫威尼斯的身份并表达其意见"。这份征集公告指出了纽约即为"大苹果"的例子，而裁判也在纽约而非威尼斯颁发了此奖。实际上，一位名为尼科洛·科斯塔（Nicolo Costa）的评论家饱含情感地发表了如下言论：

> 人们可以从纽约来思考文化旅行的国际需求，以此来体现这个标志背后所隐藏的真正的威尼斯，使其得以在现代经济的限制下再次振兴……标志的发明是城市营销战略的一部分，可以出租给商业利益以换取额外的财政资源……不论是从自身，还是从游客角度考虑，威尼斯的市民即为连接旅游业和这座好客之城价值的利益相关者。

从这方面看，任何批评这些措施的人都是精英主义者，不像时任威尼斯市长保罗·科斯塔（现在是威尼斯港务局局长）。据尼科洛·科斯塔所说，他相信"大众教育性"。当这场竞赛停止接受新的参赛作品时，由菲利普·斯塔克（Phillipe Starck）设计的标志便成功入选了（一只从侧面描绘的肮脏的狮子，只有一只翅膀张开，背景是一个巨大的 V 字）。当得知后续资金不会到位时，新的城市当局便拒绝承认整个竞赛的荒唐，反而在 2012 年 9 月为设计新的标志举办了另一场比赛，好像威尼斯每隔十年或者每当新市长上任时就必须设计一个新的标志。因此，哪怕是威尼斯也会为追求唯利是图的品牌化而放弃了它稳固的垄断。

社会资本怎样呢？首先，让我们从人力资本开始。这个概念在 1964 年加里·贝克尔（Gary Becker）的《人力资本》（*Human Capital*）出版后广为流传，其目的是通过将人的价值与各种企业的利润挂钩，一同来确定其市场价值，以引导它们的工资政策、保险覆盖面、医疗保健和养老金。这确实是一项非常困难的任务：人们真的能给每个员工的专业性、经验、社会性和创造性定价吗？测量工厂里工人的生产能力当然是有可能的。但是人力资本也是由不可测量的、可变的因素构成的，就像每个工人的自我个性、经验和能力都是不同的，这些能够随着时间成长（或不能）。当然，也包括他们的情感、想法、抱负、刹那的天赋和心理崩溃。人力资源不是可管理的商品，意味着这不只属于个人，也属于社会（和城市）。大部分没有量化的东西通常都有一个共同面。工人就属于其中，而他们分享价值和记忆。

社会学家皮埃尔·布尔迪厄（Pierre Bourdieu）从 1970 年开始就试图解决其中的一些问题，并把它们归纳为社会资本："社会资本是资源的总和，或真实，或虚拟，通过个人或团体相互认识，形成约定俗成的关系，建立一种持久网络来获得。"

社会资本是由集体积累而成的。它刺激着个人的创造力，但它将由此产生的技能和产品输送到个人所属的社区（城市）。路易吉·圭索（Luigi Guiso）、保拉·萨皮恩扎（Paola Sapienza）和路易吉·津加莱斯（Luigi Zingales）在 2010 年发表的文章《公民资本作为一个缺失的环节》（"Civic Capital as the Missing Link"）中提出，公民资本的最新定义迈出了巨大的一步："公民资本，例如坚持和共享的信念和价值观，帮助团体在追求具有社会价值的活动中克服免费享用公共物品问题。"

公民资本是持续的，因为它植根于大规模的代际传递机制（家庭、学校和社会）。因此，它比社会资本具有更多的内容，因为它包括了民间文化概念、集体价值观、原则，并拥有文化、政治和社会多个层面的社会记忆。

> 公民资本不因使用而贬值（事实上，它因使用而增值），但它会随着时间而贬值，因为积累的知识会过时，获取知识的大脑也会过时……公民资本需要时间来积累。它具有规模递增效应，甚至多于物质资本与人力资本……这是对全世界持续发展态势的一种领先的解读可能。

这种方法的优点是从纯粹的经济学视角看待人类社会的复杂性，以此作为发现其他价值层级的起点。然而，当试图通过精确测量所有男人和女人的文化（和灵魂）来量化公民资本时，它就开始出错了。资本、垄断租赁和一些其他类似的项目可以成为有用的比喻，但如果有人过于斟字酌句，那么他很快就会落入陷阱中。此时，查看另一条线索也许更明智。换句话说，公民资本与某个特定社区的政治历史有着密切的联系。罗伯特·普特南（Robert Putnam）在他 1993 年出版的著作《民主工作：近代意大利的公民传统》（*Making Democracy Work：Civic Traditions in Modern Italy*）中已经讨论过这个话题。他试图发现南北之间经济和文化差异的根源，因此让我们好好思考，只有了解公民社团的故事、经历和行动，才能理解公民资本。这通常与他们各自城市的象征性资本相吻合。我们会发现，这取决于城市文化、城市形态、艺术、语言、音乐、宗教、道德视野、义务和权利比、社会责任和期盼美好生活的愿望。这些都是无法估量的要素，但它们都是拥有城市权利的基本要素。

　　每个公民在其中都有自己的利益，但是拥有城市的权利却是集体的，完全属于社区。这个原则植根于对城市的长期集体营造，如在威尼斯就花费了一千年的时间。它也基于一个事实，即它连接了我们集体的来世和子孙后代。作为今日的工人和明日的创造者，市民不仅居住在自己的城市里，也和城市住在一起，而且他们必须为城市赋予生活。因为，即使他们的权利已经存在了几百年，当下的紧迫性也决定了他们要从根本上重申他们的想法。这并不等同于停止进步的权利，而是确保这样的进步符合共同利益。我们不应该被动地保护，而应该怀着敬畏之心做出必要的改变。不是将城市置于停滞室，而是确保它的变异不背叛它的 DNA。这项重新审视城市的权利面对着最严峻的挑战，即与消除独特性的同质化进程做斗争。

拥有城市的权利必须与意大利宪法中财产的社会功能紧密连接，即使一系列不良的国家政策已经使我们忘记了其重要性。财产的社会功能和工作的权利紧密相连，不仅是从法律的角度，也是从经济、道德和实用性出发。事实上，甚至工作的权利也是宪法所着重强调的。例如在威尼斯，对本地居民开放的工作不能仅限于旅游这样的单一文化，而必须有利于城市已经积累了数百年的巨大公民资本。暂不论财产的归属，其社会功能不能单由上升的房地产价值决定，而同时毁灭当地人口，宣判城市死亡。它必须培养富有创造力和生产力的企业，用年轻人来补充城市人口，并放松对旅游单一文化的束缚。任何人用宪法来捍卫威尼斯就是在捍卫意大利和其他历史城市的未来。为了保证城市存活和保持公民遗产，必须确保威尼斯未来几代人的社会尊严和个人发展。这是让新鲜思想、年轻市民和使未来更加美好的项目为城市再添活力的唯一途径。

第十五章　现代性飞船

19世纪后期，一种被后世人类学家称作"货物崇拜"的现象开始蔓延。它首先发生在美拉尼西亚（Melanesia）和密克罗尼西亚（Micronesia），随后蔓延到了所谓的发展中世界。大致上来说，货物崇拜就是一组神奇的宗教习俗，涉及了向较高层的团体祈求赐予更富裕社会的物品。他们先后遇到了满载先进消费品的船只和飞机，但他们不知道这些物品是如何获得的。一些部落社会认为它们是祖先或神赐予的礼物，随之产生了崇拜仪式，祈求这些馈赠保佑他们。二战之后，货物崇拜的教士和先知发明了模仿习俗，建立了简易的飞机跑道和控制塔，或是飞机和一些其他物品（收音机、武器、电话）的复制品——他们曾经见过美军或日军使用这些物品。他们模仿演习和军事仪式，并认为这是一种讨好行为。货物崇拜仪式通常是由群体中一位成员的所见引发，他们祈求祖先将物品馈赠给他们，理所当然地以为日本人、美国人和欧洲人都从各自的祖先那里收获了礼物。因此，这是一种以祖先崇拜为核心价值的古老文化，试图通过追逐某些符号来得到某种神秘的繁荣。

　　无法起飞的飞机、用椰子壳做的收音机、木制武器、稻草电话——这些替代品都试图在技术、经济和社会鸿沟之间架起一座桥梁。我们有时会谈论社会中存在的购物狂热，但货物崇拜切切实实地摧毁了这个比喻。直到这种崇拜成为他们所知的唯一真理，用以消耗仿冒品。记录在案的最早例子可以追溯到1885年，最近的例子则是在1979年（货物崇拜这个概念被定义是在1945年）。但是，如果我们将货物崇拜理解为在并不理解现代物品结构和工作方式的前提下，通过被动模仿现代物品的外表来满足对消费物品的渴望，那么21世纪的威尼斯也会成为现代人类学家的一个有趣案例。很多威尼斯人——包括那些就职于政府高层的人——深信货船将会带来救赎，而不去分析沉降的根源，也不试图通过缓解居民流失来弥补损失，更不关注拥有城市的权利和公民工作的权利——巨大的轮船群集于威尼斯，无时无刻地造成污染，乘客或多或少地进行消费；超级富豪的虚假高楼；潟湖下运行的地铁系统（被称为Sublagunare）；威内托大区的大都市群。这是技术和舞台布景的结合，包含了新现实世界的必要模拟要素，以便快速替代旧世界。

　　威尼斯的货物崇拜并无任何不同。对一个享受更多追随者的崇拜来说，的确完全相同：对市场绝对权力的崇拜。根据瓦尔特·本杰明（Walter Benjamin）在约100年前所写的一段话，资本主义已经成为一种宗教：

　　　　它和所谓的宗教一样用以消除忧虑、痛苦和骚

乱……资本主义大概是第一种带来罪恶而非赎罪的宗教
崇拜……一种无法释怀的巨大罪恶感利用了这种崇拜。
不是为了赎罪，而是将罪恶推广，将其牢牢打入有良知
的心灵中……这种崇拜发生在一位尚未成熟的神祇之前。

这位神祇并不承诺救赎，却要求献祭。因此，那些威尼
斯货物崇拜的追随者也从不停下来花哪怕一点时间去思考。
他们并不考虑售卖城市——从而丧失了独特性——异常高额
的代价会招来什么，也不思考他们得到的回报到底多么微薄。
他们认为，城市遭到的破坏和居民的流失是无法阻止的，因
此他们需要像抓住救生艇一样抓住任何可能的补救措施，即
便这意味着挥霍他们城市巨大的公民资本，或者是美、历史
和无与伦比的生活方式。旅游是威尼斯曾经和现在的滤镜。
游客流量使得一些恶性行为合法化，荒谬到就像城市历经几
百年的建造都是为了游客，而非为当地居民。就如来威尼斯
旅游的人首先就得像在电影场景里一样，而不是欣赏当地的
风俗和非凡的城市文化。让我们看看尼采在 1885 年所说
的话：

> 我们仍然可以从下层意大利人中看到，贵族般的自
> 给自足、纪律和自信仍然是他们国家悠久历史的一部分：
> 这些美德曾经展现在他们的眼前。一个可怜的贡多拉船
> 夫的形象比柏林的参议员还要好，甚至，他也的确是个
> 更好的人。

"到此一游"型旅游正在使威尼斯饱受摧残，却被过于温顺和守旧的人误认为是来自天堂或货物之神的馈赠，甚至值得他们清空整座城市，迫使威尼斯人放弃他们古老的尊严而沦为乞丐。不负责任的建筑项目和疯狂的城市规划提案的威胁高悬在城市上空。然而，途经威尼斯的摩天大楼之船却不断声称威尼斯并非永葆青春、臻于完美，而是衰老、垂死、贫穷，只能伸手向游客们乞讨救济。

事实上，上述提到的项目之一，即是摩天大楼之环，尽管现在仍处于理论阶段；还有充满威胁的卢米埃尔宫（Palais Lumiere）的建造，正如我们之前讨论过的，它引发了一场长达几年的残酷战争，虽然现在已经退出——或许只是暂时的。它值得被再次提起，不仅是因为这个项目可能在某个时间再次启用［一个例证是 2014 年 7 月 7 日，《新威尼斯报》（*La Nuova Venezia*）指出这个项目并不存在阻碍］，更因为类似的事件最终还是会爆发。卢米埃尔宫项目由皮尔·卡丹及他旗下的建筑师团队开发，其中包括他刚获得大学学位的侄子。这位 90 岁的法国和意大利设计师铭记，他来自威内托大陆。因此，他想要在潟湖上建造一座巨大的高 820 英尺（249.9 米）的摩天大楼，以此来留下印记。这将会花费 15 亿欧元，在马格拉荒废的工业区上覆盖 43 英亩（174014 平方米）的土地。这三座交会的塔将容纳 60 层住宅公寓、一座"时尚大学"，也包括办公室、商店、酒店、会议中心、餐馆、购物中心和运动设施。这座垂直的城市曾被视为振兴工业区的唯一机会。然而，卡丹的巴别塔（Tower of Babel）将比圣马可钟楼高 492 英尺（149.9 米），悬在马格拉上空，也将难以避免地主宰威尼斯的天际线，并无视每个分区的规定。唯一使卢米埃尔宫名副其实的理由是，不管从城市的哪个角落看，它都显而易见，甚至是在晚上。另外，它将会伫立在飞机返航的路线上，无视航空局设定的 360 英尺（109.7 米）的高度限制。面对如此多的困难和批评，卡丹并没有向市政厅、威内托大区的部长或其他高层官员寻求帮助，而是进一步声明如果他的项目不被批准，就会将这个项目建在中国。这无疑是非常有效的威胁，也足以显示这个项目并不是为威尼斯和潟湖量身定制的，以至于它可以轻易地被建在中国。由此可见，在卡丹的眼里，威尼斯已经和重庆没有什么两样了。

当威尼斯的前市长被记者问到他对这个项目有什么看法时，他回答道："这很危险，但是对礼物不要挑剔。"这份礼物是多么自私，从这座宫殿的公寓出售广告中就可见一斑：他们将这座巨大而笨重的建筑展示于潟湖的前端，远处有个不伦不类的黑点。这个黑点不是别的，正是威尼斯。它在Aqualta 2060 项目中的远景就是如此，其唯一的功能是通过衬托，拉高每座公寓的售价。另一件摆在所有威尼斯人面前的现实是，旧马格拉工业区的复苏被绑架成了用来证明房地产投机合理性的理由。作为交易的一部分，计划建在附近的公路将会使威尼斯更加现代化，看起来就像中国或美国的大都市群一样。

为了拯救威尼斯，使其免于孤立，我们需要慎重地对待交通连接：这是货物崇拜的领导者所钟爱的另一主题。未来主义者认为，他们能将大运河填满铺平。而如今他们的后继者已经在计划建造一个巨大的都市区，把威尼斯、帕多瓦和特雷维索都变为大都市。官方的宣传材料称：

> 通过建造必要的潟湖下地铁系统，使威尼斯的老城中心融入威内托都市交通系统。这将会克服水运的限制，也会减少城市潟湖内的水流运动。这样，即使在天气状况不佳的情况下也能提供良好的运输系统。最重要的是，它将会使威尼斯避免孤立，因此预防经济活动危机，以及威尼斯群岛上社会条件退化的后果。

为了证明市场能够拯救威尼斯，威内托城市项目已经付诸实施。那里将会建成一个巨大的购物中心、办公综合区，以及临近多洛－威尼斯高速公路（Dolo-Venice Highway）的交通枢纽，吞并该区域最后的农田。占地超过 185 英亩（0.75 平方千米）所建的 7300 万平方英尺（6.78 平方千米）建筑与新的马路和高速公路，总共将涉及 20 亿欧元投资。所有这些都以牺牲农业为代价，尽管农业活动在罗马时期遍布整个威尼斯（所有的踪迹也将会被毁灭），更不用说这个地区建于 16 世纪的别墅和历史公园了。这就是威内托城，后来在经生物学家首肯后，被重新命名为"威内托绿色城市"（Veneto Green City），并做出了一个"新城市的创新模式"的许诺。这座城市最后将扩张到 2100 万平方英尺（1.95 平方千米）。这将是一个没有永久居民的鬼城，却有各种休闲活动（当然，设计者不失时机地为当代艺术博物馆制定规划，即使他们目前没有任何特定的展览计划）。

毋庸讳言，这些都不够。位于威尼斯机场附近的泰塞拉城（Tessera City）已在规划之中。这座城市被称为城市的大陆入口，并被自然地赋予了英文名字：威尼斯之门（Venice Gateway）。只有上帝才知道为什么在 95 英亩（0.38 平方千米）的土地上竟然需要总面积为 7100 万平方英尺（6.59 平方千米）的新建筑。因为威尼斯申报 2020 年奥林匹克运动会的设计需求，这份计划被幸运地搁置了。这个项目还包括了一座 8 万人体育馆、众多的体育和住宿设施、购物中心，当然也为重新设计机场码头邀请了明星设计师——弗兰克·盖里。

威尼斯乐园、威内托城、泰塞拉城、威尼斯之门，除了本地化的——及相仿的——英语词之外，那些恶毒的计划告诉我们，老威尼斯将无法容纳这些。它必须被迫进入由摩天大楼、办公楼、高速公路、潟湖下地铁系统、山寨迪斯尼、巨型购物中心和主题公园构成的现代世界中。简而言之，这是一个巨大的城区，那里会展开"真实的生活"，涉及生产和消费品，而老威尼斯将会被降级为经高速铁路可达的游乐园。这是一场缓慢无情的凌迟。

源源不断的项目从未停止，从其他地方复制而来的想法也层出不穷。威尼斯的货物崇拜有着高级教士和宣传员，也有忠实的崇拜者，更不用说受害者了。那些大声抗议这些理念而又夸赞他们美德的人，也是那些抬高土地价值以便再次以高价出售的人。所以，大都市的一部分才能建造在此之上。那些人也包括通过合理出价和卑劣融资方法将公共经费收入囊中的人，以及分配和收集利润分成、回扣和贿赂来建造他们所谓的伟大公共工程的人。同时，货物崇拜的忠实崇拜者成了受害者：政治操纵者、权力和金钱的持有者一起诱导了本地市民来举行仪式，说服他们这里并无其他选择。因此，通过运用掠夺式经济的技巧，威尼斯真正的问题已经成为进一步加重这些问题的借口。

庞大的摩天大楼对威尼斯的不断入侵就是最好的证据。它们已经殖民了整座城市并摧毁了它。名副其实的现代性飞船和消费主义者的庙宇已经摧毁了威尼斯的天际线。就像拉斯维加斯的巨型酒店，有着成千上万套客房的飞船作为独家的奢侈品已不复存在了。但是它们并不比饼干切割机好，至少它们能生产标准化的乐趣。这些现代性的飞船兜售幻想，并将最具特色的大众旅游描绘成高度个性化的体验。这艘巨大的飞船是狂热崇拜的短暂避难所，已经尽其所能模仿新城市，使这里充满了购物中心、餐厅、舞蹈俱乐部、影院、游泳池、健身中心、电影和大剧院、赌场、溜冰场和慢跑跑道。它们突然充斥了整个威尼斯，但是它们自己本身就是建筑师的作品。在勒·柯布西耶（Le Corbusier）1923年的著作《迈向建筑》（*Vers une architecture*）中，他在一幅著名的插画中展示了一些丰碑式的建筑，并比较了它们的尺寸，包括巴黎圣母院（Notre Dame）、凯旋门（Arc de Triomphe）和"阿基塔尼亚号"（Aquitania）旁的歌剧院（可为乘客提供3600

间客房）。

这样怪物一般的船只最辉煌的经历，是它们带着高傲的气焰驶入圣马可盆地，以蔑视的眼神，对平凡而庞大的古老教堂、总督府和从拜占庭运来的马匹表达不屑。这些船只比大运河一侧的高级住宅还要高，而且它们穿过威尼斯的中心来欣赏它的美。但是，它们为威尼斯笼罩上了一层阴影，冒犯了它的美，甚至改变了以往从地面或是从贡多拉和交通船上获得的对威尼斯的认知。例如，"海洋航行者号"（Voyager of the Seas）高 207 英尺（63.10 米）、长 1020 英尺（310.91米）、宽 154 英尺（46.92 米），共有 47 层；"歌诗达辉宏号"邮轮（Costa Favolosa）稍小，它凭借拥有北京皇宫、罗马大竞技场和凡尔赛宫的复制品与拉斯维加斯竞争；"神圣号"（Divine）有 220 英尺高（67.05 米），有总督府两倍高，宽 1092 英尺（332.84 米，是圣马可广场的两倍宽）。同时，为了使船只通行，威尼斯在数月间加深了港口，使得数百年间保持的平衡岌岌可危：马拉莫考港水深（Malamocco）从 30 英尺（9.14 米）增加到了 56 英尺（17.07 米），利多港（Lido）从 23 英尺（7.01 米）到了 39 英尺（11.89 米）。令人惊奇的是，保护这些旅游设施的人正是提议建造潟湖下地铁系统的人，他们的目的是保证游船的来往。2013 年 9 月 22 日，仅在一天内就有 13 艘邮轮经过了圣马可。

一系列反对邮轮的呼声已经无济于事，其中包括来自法兰西学院（Institut de France）的。而威内托学院（Istituto Veneto）的菲奥娜·埃勒斯（Fiona Ehlers）于 2011 年 2 月

21 日在德国《明镜周刊》（*Der Spiegel*）刊登的言辞激烈的文章对这样的反对给予了高度赞扬。还有安娜·萨默斯·科克斯（Anna Somers Cocks）于 2013 年 6 月 20 日在《纽约书评》（*The New York Review of Books*）中所写的名为《威尼斯的死亡将至？》（"The Coming Death of Venice?"）的文章。同样前所未闻的是，保护主义者团体意大利诺斯特拉（Italia Nostra）与联合国教科文组织（UNESCO）呼应，抗议这些行为破坏了独特的城市形态和城市生活。情况正变得更糟。2012 年 1 月 13 日，"歌诗达协和号"（Costa Concordia）悲剧而荒谬的失事，在托斯卡纳远海造成了 32 人死亡。这引起了公共领域内和时任总理马里奥·蒙蒂（Mario Monti）政府的热议，还导致了一项严厉的立法。这项立法规定，船只应该在离海岸至少 2 海里（3.70 千米）的海面停留，尤其是当船靠近海岸以纪念某人或某物时，即做所谓的敬礼动作时。如果运用到威尼斯，这项法令将预示游轮时代的结束。但政府的选择却相反，并表明威尼斯绝不会承认这项法律。尚未有政府成功解决这个漏洞，更不用说 2013 年 5 月 7 日发生的严重事故。当时，"快乐尼禄号"（Jolly Nero）在日内瓦撞上了码头，导致 9 人死亡。据所谓的相关人员说，威尼斯是一个例外，并不是因为它值得更好地保护，而是像全世界希望的那样，正是因为它完全没有受到保护。事实上，与"歌诗达协和号"类似的灾难已经在威尼斯发生好几次了。如 2011 年 6 月 23 日，一艘"只有"656 英尺（199.95 米）长的德国游船"蒙娜丽莎号"（Mona Lisa）因人为的错误而搁浅。

搁浅时，它只离斯基亚沃尼河（Riva degli Schiavoni）几码远。又如 2013 年 7 月 23 日，"嘉年华阳光号"（Carnival Sunshine）擦过七烈士河（Riva Sette Matriri）畔。

　　每天，巨型游船都与总督府擦身而过，瞪视着这座城市，污染着河水，激怒着威尼斯和它的市民。总理、市长和港务局纵容着这些破坏（事实上他们是同谋），只为了一样东西：金钱。因此，"恢宏"而"让人惊叹"的邮轮发出的嘈杂声持续不减，伤害着这座世界上最脆弱和珍贵的城市。每年有 150 万游客来到威尼斯，只是为了短暂地俯瞰一眼，然后边嚼三明治边在小摊上买一些小饰品［据记者吉安·安东尼奥·斯特拉（Gian Antonio Stella）所说，这制造了 2.7 亿欧元的利润，但带来了价值 3.2 亿欧元的损害］。相较于这些利益，威尼斯消逝与否都不再重要。至于这些船只的视觉冲击，被充分记录在了詹尼·贝莱克·贾汀（Gianni Berengo Gardin）的"威尼斯的怪物"（Monster in Venice）摄影展上。该展览由意大利环境基金（Fondo Ambiente Italiano）支持，其目的是保护意大利的艺术和自然遗产。这一形势已经由于混乱的增加而恶化，同时也使船只碰撞和石油溢出到城市中心的风险增加，而这些危险（每年约 1300 起）正随着每年进入威尼斯水域的大型船只数的增加而不断增长。环境保护部或首相办公室从没人仔细计算过上千吨水的水压会对威尼斯脆弱的堤岸造成怎样的危害，也没人为粉尘颗粒引起的污染提供任何官方数据（2010 年时为 500 吨），或是对潟湖水系中剧毒苯并芘的存在发表任何评论。没有人可以说清在过去几年间癌症发病率是否增加了，虽然威尼斯肿瘤学家同时记录了"明显过多的肺肿瘤的出现"［西尔维奥·斯泰塔（Silvio Testa）在他出版的文册《他们称之为船》（*E le chiamano navi*）中讨论了这个问题。这本册子出版于颇受好评的"放眼威尼斯"（Occhi aperti su Venezia）系列。还有一些数据记录在塔塔拉（Tattara）的《定量调查》（*Contare il crocerismo*）中，我之前也有引用］。

这些轮船将摩天大楼这种愚昧的空谈注入了威尼斯的心脏，羞辱着城市和我们所有人。然而我们甚至无法衡量这一罪行的严重性，也不知道威尼斯潟湖那古老而又永葆青春的诗意可以更有前途，只要我们不再认为这是来自过去的传家宝，而是将它看作光明前景的起点就行。每天我们都能听到同一种声音，宣称邮轮可以拯救威尼斯和港口。每一天都有越来越多的本地居民逃离这座城市，房地产投机使得年轻人和中产阶级无法找到除旅游业之外的任何工作。每一天，成千上万的人闭上眼睛，放弃观察和思考。他们是荒诞的货物崇拜中那些狂热、虔诚而健忘的崇拜者。这样的崇拜不合时宜，不该存在。而他们屈服于威尼斯落后于世界其他国家的言论，并认为威尼斯需要配得上 21 世纪——进入这个世纪需要通过建筑公司、巨型邮轮和非凡的技术［就像摩西工程（MOSE），"实验机电模块"（Experimental Electromechanical Module）的缩写，目的是保护威尼斯免受洪水侵害］。与此同时，他们也等待着大都市在未来的最后转变。威尼斯最终会变成类似重庆的城市，唯一的不同是，重庆在市郊建造了假圣吉米那诺，而威尼斯的主题公园已经准备就绪：事实上，这座历史城市最后可能在其一旁建造一座威尼斯乐园。在这个方案中，威尼斯憔悴的幸存者们大部分已经被流放到了大陆的郊区。他们可能偶尔会通过潟湖下的地铁前往圣马可广场，然而城市真正的拥有者，那些成群结队的游客，将会乘坐摩天大楼般的邮轮抵达。

　　2014 年 8 月 8 日政府所宣布的解决方法既不令人满意，也并不具有决定性。确实，允许进入潟湖的船只数量已经减少了——减少到每天两艘。所有人都在注视着规划中的圣安吉洛运河（Contorta Sant'Angelo）。它连接佩特罗运河（Canale dei Petroli）至邮轮码头，有将近 3 英里（4.83 千米）长，深度将会从现在的 20 英尺（6.10 米）增加到 320 多英尺（97.54 米）。在所有备考选项中，政府选择站在邮轮运营者的一边，而不考虑其对环境可能造成的伤害：目前亟待处理的 1700 万平方英尺（1.58 平方千米）的污泥将会增加至 4300 万平方英尺（3.99 平方千米），尽管港务局宣布将加强对新的盐沼河滩涂环境的管控。根据最近的新闻，环保部门已经评估了环境影响，并叫停了这个项目。但是，后续的合同也提及了新的环境影响评估。无论如何，用水利研究带头人之一路易吉·德阿波斯（Luigi D'Apaos）的话来说，这个决定明确表明，"我们还没有吸取潟湖给我们的教训"。

　　"但是威尼斯是脆弱的"，"但是威尼斯已经老了"，人们经常听到同样的哀歌，却一再地逍遥法外。威尼斯脆弱的潟湖已经催生了类似摩西工程和 Aqualta 2060 工程的项目，但是这些也会在小范围内产生它们的影响。委托一位有名的建筑师也许是一个好主意，但是圣地亚哥·卡拉特拉瓦（Santiago Calatrava）已经架起了跨越大运河的桥梁，以此连接罗马广场火车站。这个项目并没有经过充分考虑，也并不与火车站在风格上有任何相似之处。将这座标志性的桥放在巴西利亚或上海都不会显得突兀。然而威尼斯并不像其他城市，且不论这座在 2008 年开通的桥美丑如何，它并不适合这座城市。审计法院也因此判罚项目设计者缴纳 340 万欧元的赔偿金："因为这座桥患有慢性病，除日常维护工作之外，还需要经常检测维修。"

威尼斯的脆弱性是一把双刃剑：它被认为是惹人厌的累赘，虽然价值甚高，但又使得城市毫无快速现代化发展的痕迹。为了建造卡拉特拉瓦大桥，不得不为它旁边的一块地颁发建造许可证，而在这块土地上最终只建成了一所极普通的酒店。为了开发各种项目，威尼斯的脆弱性已经被反复提及。但事实上这些项目愈发破坏了环境，因为在设计时并没有考虑存在了上百年的高度脆弱的平衡，包括依旧存在的潟湖和生活方式。在威尼斯建造房屋，却不花一点时间来理解和尊重这些平衡，这对城市造成了致命伤害。

针对威尼斯的更危险的武器是一再控诉它的过时，反复指责它不再适合现代世界，或是已遥遥落后于其他城市，需要各种干预来更新形象。这种更新有各种伪装的外观。例如，贝纳通（Benetton）对历史广场著名的现代化改造项目。德国商馆（Fondaco dei Tedeschi）完工于 1508 年，它拥有全景大阳台，身处其上可以看到里亚托桥，在庭院里还有必不可少的自动电梯。据称，这也符合这座大厦的商业特性。甚至像雷姆·库哈斯那样的建筑师也屈服于那些无视城市历史价值客户的需求，这是简直是一个耻辱。另外，特雷维索的贝纳通基金会（Benetton Foundation）正在支持的项目旨在保护威内托的景色，并宣传意大利宪法第九条中的保护意识。所有这些都在同一时间发生，这相当奇怪。让我们试想一下，如果这样的项目在当前这种普遍冷漠的氛围中再次实施，我们可能很快就会在总督府里看到自动电梯和全景阳台了。

古典语义学学者菲利波玛丽亚·蓬塔尼（Filippomaria Pontani）指出，威尼斯在最近这几年中已经见证了：

> 利多岛声名狼藉的解体、卡丹塔方案莫名其妙的通过、古老的军械库（Arsenale）被滥用、对仓库（Fondaco）来来回回荒唐的改造……威尼斯省国土规划中所计划的对土地的大量使用、（尽管）为了保护城市遗产而对泰塞拉象限仪（Tessera Quadrant）无情的过度开发、公共空间的免费使用，以及民主决策……这通常被认为是受保守或错误态度影响的后防动作，它们被认为试图阻碍进步和自由市场的进程，因此被否决。

然而所有的这些例子，以及例如威内托城、威尼斯乐园和 Aqualta 2060 这些毁灭性的工程，与不间断穿梭的邮轮有什么关系呢？非常简单，所有这些方案都声称是为了拯救威尼斯。但是如果我们真的希望游客能从海上到达城市，为什么必须要让他们乘坐巨型邮轮缓慢驶入威尼斯，像摩天大楼一样污染城市呢？卡丹有着可以自由支配的大量土地，为什么他不计划建造具有同样面积的更小的高楼呢？建筑师和城市规划师吉亚努戈·波莱塞洛（Gianugo Polesello）20 世纪90 年代初计划在麦斯特建造 16 座高楼的挑衅性建议，现在看来似乎会更受欢迎。

或许只有一个答案能够解答：不考虑是邮轮还是摩天大楼，对威尼斯的滥用并不是一个随机结果，而是这类项目的首要目标。就像建筑历史学家曼弗雷多·塔夫里（Manfredo Tafuri）在 1993 年的讲座中所说的：

> 即使是现在毫无生气的状态中，威尼斯仍旧是现代性世界难以忍受的挑战。威尼斯只是设法小声自言自语，但是对于技术世界来说它仍是难以忍受的，尤其是在这个技术的年代……威尼斯不仅受到大量游客的入侵，也受到来自名不副实的建筑师们赤裸裸的侵害。

威尼斯是一座完整的历史城市，在与之共生的潟湖的保护下已经存在了 1000 余年。它与基于居民无条件地密集化和现代建筑不断垂直化的城市发展模式背道而驰，因此，邮轮必须穿过威尼斯而直插其心脏。它繁荣的标志就在房屋和河道之中，那里正展望着一个未来成为摩天大楼之城的威尼斯。在这些例子中，现代性的传教士认为这座辉煌的城市是如此令人生厌，因而想要将其亵渎，就像一名处女可能会惹恼自以为是的唐璜（Don Juan）一样。这种明显的亵渎极具象征意义：这是对想要报复过去的嚣张现代性的肯定，通过从邮轮或是从全景阳台、马格拉的摩天大楼上俯视来羞辱威尼斯，使威尼斯居民扮演一个剩余者的角色。他们渴望对自己城市自杀式的经济进行补偿，使自己沦为货物崇拜的被动礼拜者。

第十六章 威尼斯与曼哈顿

20 世纪初, 一场建筑和城市主义的彻底变革在欧洲和美国展开。这其中, 威尼斯常常被当作一把量尺。在意大利, 菲利波·托马索·马里内蒂 (Filippo Tommaso Marinetti) 在这个问题上尤其多话和自信。这始于他著名的宣言, 即 1910年在圣马可广场上广为流传的《反对热爱过去的威尼斯》(*Against Past-loving Venice*):

> 我们否认过去的威尼斯, 它被几百年的世俗奢华削弱了, 尽管我们曾在伟大的旧梦中热爱和拥有它。
>
> 我们否认外来者的威尼斯、充斥仿冒文物的市场、对势利和愚蠢的吸引力、因为成群结队的情人而失去弹力的床、带有专为大都市风俗女子设计的珠光宝气的浴缸、过去主义 (Passéism) 的最大泄殖腔 (cloaca maxima)。
>
> 我们想要治愈这座遍布昔日华丽伤痛的败落城市, 我们想要振奋威尼斯人, 尽管他们已从昔日的光辉中衰退, 被可恶的怯懦麻醉……

我们想要迎接工业化和军事化威尼斯的诞生，它由此能支配亚得里亚海这个伟大的意大利内湖……

让我们尽快用倒塌的宫殿废墟中的旧瓦砾，去填满那些又小又臭的河道。

让我们烧毁贡多拉和蠢蛋们的摇椅，将钢铁桥和工厂在氤氲中的壮丽图像送入天际，消除旧建筑衰落的曲线。

让神圣电光的统治最终降临，将威尼斯从客房中腐败的月光下解救出来。

乔瓦尼·帕皮尼（Giovanni Papini）在 1913 年发表的言论大体相同：

佛罗伦萨因此而被羞辱……因为它并不依靠其市民的收入存活，而是依靠那些滥用祖先留下遗产的不光彩而吝啬的人和外来游客的好奇心。一半的佛罗伦萨市民依靠外来游客得以生存，另一半仰仗那些依靠外来游客而活的人生存。我们必须有勇气去大声说，我们依靠已逝之人和野蛮人而活，我们是太平间的看护者和异国流浪者的仆人。

马里内蒂回应了这些观点。他把佛罗伦萨、威尼斯和罗马称为"我们半岛的溃烂"（the Festering Carbuncles of Our Peninsula），而威尼斯只有"通过进步式的残酷复苏"才能拯救自己。帕特里齐奥·切卡格诺利（Patrizio Ceccagnoli）最近注意到"未来主义者反威尼斯人宣言"（Anti-Venetian Manifesto of the Futurists）的双重症状、罗斯金（Ruskin）《威尼斯之石》（*Stones of Venice*）的第一版意大利语翻译（也于1910年出版）和在圣马可钟楼重建之后的热议。钟楼在1902年倒塌，又在1912年重建。但是，对于这些并非没有强烈反对的声音，例如卡尔杜齐（Carducci）这样的诗人或是奥塔·瓦格纳（Otto Wagner）这样的现代建筑师。然而，人们必须在脑海里存有第三种症状。托马斯·曼（Thomas Mann）在其关于"不可能城市"的至高无上的文学作品，即1912年发表的小说《命终威尼斯》（*Death in Venice*）中提到，威尼斯有着"异常闷热的狭窄街道"，人们能闻到来自"恶臭的潟湖"的"像死水一样的气味"。此时，威尼斯已经是一副垂死城市的颓废形象，但也是一片现代和历史城市概念分歧的战场。

在一本未曾出版的理论著作《用圣埃莉亚的未来主义建筑重建意大利》（*Ricostruire l'Italia con architettura futurista Sant'Elia*）中，马里内蒂想得更远。他想象了一场将把威尼斯变为一堆废墟的轰炸，以及一场毁灭的支持者（Speziali）与那些想要"在10天内还原神圣的威尼斯"的人（Velocisti）之间的斗争。他们并不是通过新建，而是通过做旧，用"已有专利的破旧不堪的机器"和"能在10分钟内造出两世纪产值的称为通行证的发明"。这个怪异的记述清楚地表明，作者倾向于利用圣埃莉亚建筑建造一座全新的威尼斯。意大利必须重建并被现代化改造，驱逐野蛮的游客，以此再次从墓地转为充满生机的土地，将意大利人从"太平间看守人"转变为在"烟雾缭绕工厂"辛苦工作的工人。

马里内蒂在 1943～1944 年重新燃起了对威尼斯的痴迷，这正好在他去世之前。他从俄罗斯前线回来后就在威尼斯寻求庇护。那时，意大利正遭受真实炮火的摧残——尽管威尼斯幸免于难。马里内蒂创作了一部"航空小说"（aeronovel），题目直译为《威尼斯小女孩和愚蠢的学生》（*Venezianella e Studentaccio*），该书直到 2013 年才在意大利出版。书中讲述了两位主角之间的爱情故事。在这个故事中，建造新威尼斯的想法转变成了在斯基亚沃尼河上建造一座巨大雕像的幻想："它将是最具特色的宫殿和教堂的放大版，互相交会融合，但又采用了不同的素材来使它们隐喻化，特别是借助意想不到的玻璃吹制艺术。"

这座巨大的雕像代表了"威尼斯小女孩"，一名与"愚蠢的学生"相爱的护士，但这座雕像的规模非常大：她的"千米长裙"由 7 个"浮夸的圣马可大教堂"组合并由绿色水晶制成，而"放大版的新总督府组成了她 500 米宽的躯干"，顶部是"放大版的黄金屋顶"。换句话说，马里内蒂笔下的新威尼斯是一座摩天大楼，其审美救赎是在两个不同的层面完成的：它涵盖了历史威尼斯的装饰词汇，同时也仿造了女主角的外形。就如"愚蠢的学生"马里内蒂所说，这也是在模仿"你巨大的雕塑，意味你的雕塑与身着威尼斯式潮流的美丽、理想的威尼斯非常相似，就像你模仿圣马可、总督府和黄金屋一样"。

就像位于安大略密西沙加的摩天大楼一样，它因为妖娆的外形而被称为"玛丽莲·梦露塔"。马里内蒂的新威尼斯也是一个女人，尤其是因为她代表了"我们只在怀旧之梦里所爱和拥有的"城市的极端进化。

威尼斯因此而腐烂，受到诅咒，被轰炸成废墟。或许，它是否因此升华为一个偶像，完全吞噬并扩大了它所有最具标志性的建筑物，直到变得怪诞？马里内蒂对威尼斯的想象有着很强的持续性，同样强烈的还有"钢铁桥和烟雾工厂的几何结构"和耸立在废墟之上同样华丽的女性巨像之间的连续性。这座新建筑的垂直高度，即尼采预言的"高度的致命命运"，是马里内蒂预言中威尼斯唯一的未来。他并不关心这是一个巨大的烟雾工厂还是模拟拼凑的历史建筑。

近些年来，冗长而夸张的未来主义与摩天大楼建造的地方相互交织，形成鲜明对比，就如曼哈顿那样。纽约建筑联盟（Architectural League of New York）主席杰姆斯·M. 休利特（James M. Hewlet）在他 1921 年出版的著作《纽约：国家的大都会》（*New York: The Nation's Metropolis*）中写道：

除去其他很多头衔，纽约就是正在建造中的威尼斯。所有丑陋的设施都是这样缓慢发展的。所有丑陋的过程，不管是物理还是化学，建筑还是商业，都必须受到认可和表示，并通过诗意的视觉，使它成为美丽和浪漫的一部分。

曼哈顿早在 1807 年 11 月时就建立了网格规划，当时城市居民只有数万人。然而，它要求建造一个几何网格的街道（由北向南共有 12 条大道，由西向东有 155 条街道）交互形成 2028 个街区。因为这个网格在随后的岁月中被日益增多的居民填满，越来越高的建筑也替代了陈旧矮小的建筑，关于城市生活质量、过度拥挤和拥堵问题的讨论变得日益激烈。当时最有说服力的提议来自哥伦比亚大学建筑学院教授哈维·W. 科贝特（Harvey W. Corbett）。为了让这座处于动荡增长中的城市的混乱交通重新恢复秩序，1923 年科贝特提议限制曼哈顿的汽车道，使隧道和地铁运行更顺畅，并将现有建筑的底层扩建为道路。同时，行人将被限制在上层通行。一系列的人行道和门廊构成围绕单个建筑物的连续网络，这样行人便能通过特殊的行人专用桥梁穿行于建筑之间。同时，这个区域也会有各种商店、餐厅等：

我们看到的是一个由拱廊构成的步道所组成的城市，这些步道建于现有街道之上一层。在城市的每个角落都能看到桥梁和拥有坚固栏杆的宽敞拱廊。这里有小型公园（相信未来会有更多），它们把城市提升到和步道相同的高度……所有这些都组成了非常现代化的威尼斯，一座拱廊、广场和桥梁之城。这里同时拥有街道和河道，只是河道里不是真正的水，而是自由穿行的汽车车流，太阳在黑色的车顶上闪闪发光。这些大楼中反射出的建筑物也反射出这一连串快速穿行的车辆。

　　以建筑的视角看，考虑到形式、装饰和面积等方面的因素，这个想法体现了威尼斯的可爱之处和更多优点。这里并没有任何不协调之处，也没有任何奇怪之处。

　　这就是科贝特对未来城市的设想，它注定要成为这座位于潟湖上城市形形色色的化身。曼哈顿 2028 个街区中的每一个都被认为是威尼斯的岛，它们通过巨大的桥梁网络互相连接，形成了名副其实的城市群岛。甚至在随后几年的讨论中也将威尼斯作为案例：一座"叹息桥"将跨越第 49 大街，而威尼斯的运河也被视为曼哈顿道路网的模板，只是在那里汽车车流将代替贡多拉。甚至洛克菲勒中心的规划也可视为是三个街区连接在了一起，好比它们就是威尼斯的岛屿。就如库哈斯在他的空想作品《癫狂纽约》（*Delirious New York*）中所写，科贝特的风格围绕着"隐喻规划"，将曼哈顿变为"威尼斯式的荒僻系统"。

　　这是对尼采格言的暗指："100 片荒僻之地共同构成了威尼斯之城——这就是它的魔力。一副未来人类的形象（Bild）。"因此威尼斯是一个形象、肖像或模式——对比其他词，"形象"（Bild）这个德语词包含了所有的这些意思。19 世纪晚期至 20 世纪初策划的未来景象把威尼斯和摩天大楼联系在了一起，但这并不意味着一定要把它们放在一起竞争。没有什么能像 100 片荒僻之地这样紧紧抓住城市生活的精髓和质量。但因为这发生在曼哈顿，隐喻的调节就成了威尼斯必要的一步。对马里内蒂而言，威尼斯是现代性的对立面。

而尼采却认为它是现代性的象征。对科贝特而言，它则是灵感的典范和源泉。

相较于尼采的诗性和先知性，抑或科贝特对城市的设想，马里内蒂和帕皮尼的谩骂显得死气沉沉，也似乎微不足道。即便在这种典型的意大利式激烈争吵中，仍有一个尚未解决的问题值得注意。马里内蒂曾写道，与其看着威尼斯堕落成为只供游客游览的单调博物馆城市，还不如看着它被毁灭。这样的过程在当时尚处于萌芽阶段，但现在已变得更加明显。帕皮尼补充道：一座宜居城市远远好过一座依靠死者生存的"太平间守护者"城市。然而，当我们将威尼斯和佛罗伦萨作为博物馆城市来谈论时，有时会带着自豪。难道我们不是从本质上就赞同这些嘲讽和轻蔑吗？难道我们没有在反思，为什么将我们最著名和最受欢迎的城市变为"到此一游"的服务点了吗？难道我们没有将市民贬为仆人，以此来削弱城市的概念吗？对旅游业错误的坚持，是我们应该保护我们的文化和风景遗产的根本原因，但实际上，我们忽略了这个值得细细思考的问题：这些风景和文化遗产并不属于游客，它们属于市民。事实上，就像意大利宪法明确表示的那样，这些风景和文化遗产与公民权相一致，因为它们是我们的身份和历史的基石。它们并不只是过去的宝贵遗产，也是我们建设未来的道德之源。市民——而非游客——才是城市真正的血液，是记忆的保管者、未来的建筑师。一座拥有市民的城市能够了解他们的认同感和他们的特有文化，也会更好客、更有趣，甚至更欢迎游客。由奴仆组成的城市远远没有这么友善。

　　威尼斯是过去的"溃烂痈"，还是未来的预言和隐喻？这由我们决定。但是，如果它的整个生活存在于过去，那么未来主义者的解构将无可避免。被动地把这座城市作为一个单调的旅游景点或是主题公园保护起来，这样的自相矛盾将预示着它的消亡。也就是说，为了让这座城市在此找回自己的生活，没有必要拆除它的纪念碑或用烟熏工厂代替它，或逼迫它离开过去的生活以求勉强度日。历史城市的未来是一个宏大的话题，不仅在威尼斯或意大利，也在世界上的其他地方被热议。甚至威尼斯可以是曼哈顿的未来之景，亦可作为它的最高象征。随着时间流逝，有一个问题变得越来越迫切，即每个城市如何用公民资本来融合象征资本，然后将它们充分利用。如果这能在威尼斯发生，那也能在世界其他地方发生。

第十七章　建筑师的道德规范：
希波克拉底与维特鲁威

　　谁在消灭历史城市？谁在用毫无生气的郊区包围它？谁在拆解宫殿以瓜分土地？谁在用自大的摩天大楼羞辱教堂？谁在争取这样的房屋政策，以允许用不协调的累赘物增加街区中公寓的高度？毫无疑问是政治家，是建筑巨头、房地产投机商，以及在建筑行业中投入大量资金的黑手党。还有普通市民，他们准备抓住任何机会追逐利益并中饱私囊。然而，这份名单还包括建筑师、工程师、勘测员和规划师。他们将成为掠夺我们历史城市及其景观的始作俑者或党羽。他们或是出于无知、讽刺或贪婪，或仅仅是因为他们对公司或政治家的责任。正因为他们的存在，郊区才在不受管制的风潮中一再扩大。也正是因为城市和乡村都充斥着大量跋扈的建筑，文化记忆才遭受损害，社会未来惨遭埋葬。然而，因为著名建筑师的参与，加上各式各样的广告噱头及对现代化、摩天大楼和传说中房地产美学特质的无尽赞歌，任何批评都被压制下去。

　　甚至在破坏法律或威胁生活和工作于新大楼中人们的命运时，艺术建筑师的创造力仍然显露无遗。罗伯特·文丘里（Robert Venturi）写道："现代建筑一直是宽容的：建筑师更倾向于改变现有环境，而不是强化它。"但是建筑师正以第三方代表的名义，不可逆转地改变着环境，并通过售卖服务换取金钱（顾客）或利益（政治家）。这些建筑结构的审美优点，受到设计它们的设计师和持赞同意见的评论家的一致表扬。这事实上从一开始就压制了对金融交易和房地产投机的冷嘲热讽。这种审美的合法性豁免了建筑师的责任，并作为他或她赞助人的不在场证明。这是一种专业的伪装现象，它试图隐瞒那些伟大建筑师值得怀疑的投机活动。就像已故的意大利建筑师吉安卡罗·德卡罗（Giancarlo De Carlo）所描述的那样，他认为建筑师这个职业拥有质问过错行为的公民义务。

　　建筑师真的只工作于审美主宰的世界中吗？他们真的能摆脱社会、公民性和文化记忆的影响吗？事实上，恰恰相反。通过改变城市环境和景观，建筑师的技艺对个人生活有着广泛而深远的影响，不仅局限于人们的基本生活，也包括公民社会的活力。因此我们必须问问自己以下问题：建筑师的能力真的受职业道德控制吗？在设计和建造建筑或改造城市和景观的时候，建筑师应该单单遵从客户的要求，还是应该有更广阔的视野？他们应该根据自身工作的经验、环境和社会背景来制定他们的设计，还是应该完全忽略这些？例如，在威尼斯建造一座大楼，建筑师应该考虑其城市和生活环境，还是设计直冲云霄的外星建筑，使它在威尼斯、重庆或迪拜都毫无违和感？

在 2014 威尼斯建筑双年展目录的介绍中，雷姆·库哈斯真正地抓住了这个迫切性："市场经济已经腐蚀了建筑的道德形态。它已经将建筑师从公众中分离出来，推向了私人经济的怀抱中——他们不再为'你'服务，而是为广义的'他们'服务。它被迫只能在由罗纳德·里根（Ronald Reagan）策划的新自由体系中前行。"

恰巧，"少些美学，多点道德"（Less Aesthetics, More Ethics）是 2000 年双年展的主题。但是在其目录中，策展人马西米利亚诺·福克萨斯（Massimiliano Fuksas）写道：

> 寻求 LA，ME（Less Aesthetics, More Ethics）的词源或语言学解释是不可取的。耗费几个月来讨论审美是否包含了道德，也是不可取的。我真诚地希望没有人会再次采用康德（Kant）的三大批判。真正的答案在双年展的约 90 个展览中。我们已经正确认识到了这个问题，我相信很多展出的作品提供了我们正在寻找的答案。然而，我们这里讨论的是一座观念的实验室，还远不能如此快地得出结论。这次展会只是这个过程的开端，是对我们对未来的投资。

英国建筑师尼尔·李奇（Neil Leach）指出，这些都是狡猾而难以捉摸的字眼。在他主编的"建筑及其道德困境"

（Architecture and Its Ethical Dilemmas）专栏中，李奇发表了一篇文章，认为建筑的审美化会导致：

> 对社会、经济和政治考虑的忽视，而其原因会由于其审美的形式而受到指控 …… 世界的审美化导致了一种麻木的形式。它将痛苦包装成诱人的形象，以此减轻痛苦的感觉。这种审美化有一种极大的风险，那就是有关政治和社会的内容可能被囊括、吸收或拒绝。形象的诱人反对任何潜在的社会责任感。这个审美领域中，建筑可能会遭受妥协。建筑师似乎特别容易受到短暂画面和表面现象的迷惑。世界被审美化和麻木化了。在意象的醉人世界中，建筑美学反而成为建筑的美学麻木。

建筑的审美化杀死了道德，因为它认可房地产投机，由此成为一种纯粹的市场机制，为了追逐利润而无视道德问题，即我们的社会、公正，以及拥有城市的权利。然而，就像历史学家和评论家安东尼·维德勒（Anthony Vidler）所写："再没有一个比现在更好的时刻了，是时候来反思建筑师的社会责任这个问题了……如今存在于规划、建筑、政治决策和公众专业术语间的鸿沟，从未如此巨大。"

我们在哲学家和人类学家的著作中无法找到答案，但在建筑师的自我意识和他们的专业实践中却可以。最近几年，意大利建筑师丽娜·柏巴蒂（Lina Bo Bardi）成了这个新意识的象征。鉴于这种意识的罕见性，它的必要性变得更为突

出。柏巴蒂 1939 年毕业于罗马建筑学院，从 1946 年起一直
在巴西工作，直到 1992 年去世。她下定决心为"建筑师的集
体意识"而奋斗，因为在她心目中，在此意识中建筑师的自
由是"首要的社会问题，必须置于政治结构内来审视，而非
置于其外"。丽娜·柏巴蒂严肃地批评了奥斯卡·尼迈耶
（Oscar Niemeyer）的审美观：

> 建筑师会受到形式、创作及欧洲纪念广场光环的制
> 约……只是坐在桌前翻看建筑杂志，而不关注现实（即
> 将要入住这些建筑的社区）的设计师会成为抽象建筑和
> 抽象城市的创造者。建筑师必须以此为首要目标，即用
> 自己艺术和经验创造对人们有用的建筑，而不是他们的
> 个人主义……这就是当今建筑的真正意义。毕竟，当代
> 建筑师们，这群城市、街区和房屋的建造者才是社会公
> 正领域中积极的战士，不是吗？难道一位建筑师不该培
> 养道德质疑，时刻准备着将自己的意识注入社会公正中，
> 对集体责任有敏锐意识，并怀着追求善意和道德向上的
> 愿望去战斗吗？［《建筑或建筑师》（"arquitetura ou
> Arquitetura"），《艺术、历史、习俗和生活文化的记录》
> （*Crônicas de arte, de història, de costume, de cultura da
> vida*），1958］。

柏巴蒂认为，受审美支配的建筑师必须为"建筑"
（Architecture）让路。而且，这里 A 必须大写，因为它受到

道德、社会和政治的多重影响。因此，建筑师的作品必须被视为公民义务，并负有不可逃避的道德责任。在柏巴蒂的著作和建筑中，"建筑发挥了生动和统一的作用。只有当对更好生活的渴望真正对建筑师起重要作用时，这才是唯一有可能的"，评论家马丁·费勒（Martin Filler）在2014年5月22日的《纽约书评》（*New York Review of Books*）中如此写道。

关于职业行为准则和道德的讨论在今天并不是那么引人注目，因为我们现在关注的只是商品的标价。此外，这种思维在某些职业中相较其他更为明显。最显著的例子可能是医生和他们的《希波克拉底誓言》（*Hippocratic Oath*）。这个誓言成文于公元前400年，普遍认为是由希波克拉底（Hippocrates）所写。然而可考的是，它现在的成功始于1789年，而再次兴起则是在法国大革命后。在1948年世界医学协会的《日内瓦宣言》中，它被再次强调。如今，这份誓言在很多国家仍被使用，如在英国，英国医学协会发布了现代版的《希波克拉底誓言》。现在它有多个版本，不只是希腊语，还有拉丁语和其他欧洲语言。无论如何，在所有这些不同的文本中，通常会发现几个关键点，尤其是在医生宣誓的庄严誓言中："我愿在我的能力与判断力所及的范围内，遵守为病人谋利益的道德原则，并抵制一切堕落及害人的行为。……不论我走访何地，我会为病人而来，不带任何不公与恶意。"

通过比喻或类比，非常容易将这些原则改编以使其符合建筑师的职业，因为城市和景观是社会体的物质承载。

然而，有人通过引用维楚维斯（Vitruvuius）的例子来试图更进一步。作为一个生活在奥古斯都皇帝（Augustus）治下的建筑师，维楚维斯身上最重要的不是他建造了什么，而是他的论著《建筑学》（*De architecture*）。这套包含了10册书的巨作，对欧洲传统发挥了巨大的作用，至少从莱昂·巴蒂斯塔·阿尔伯蒂（Leon Battista Alberti）和达尼埃莱·巴尔巴罗（Daniele Barbaro）1556年对这本书的第一本意大利语翻译起——安德烈·帕拉第奥（Andrea Palladio）负责了其中的插画。

在第一册的开头，维楚维斯给我们展现了他理想中的建筑师形象，以及这样的建筑师所拥有的最重要的品质：

1. 建筑师必须具备多种学科知识和各种学习能力，因为其他艺术形式都将根据他的判断付诸实践。这样的知识是时间与理论之子。实践是一种持续而有规律的工作，根据图纸的设计，用任何必要的材料完成。另一方面，理论是巧用比例原理演示和解释精巧生产的能力。

2. 因此，那些旨在获得手工技艺而没有奖学金的建筑师从未能达到与他们的痛苦相应的权威地位。而那些只依赖于理论和奖学金的建筑师是在追风捉影，而非本质。但是，那些全面拥有两方面知识的人，就像那些准备充分的人，他们会更快达到其目的并拥有相应的权威。

3. 在所有层面，尤其在建筑方面，有两点尤为重要：所指的事物，以及赋予它意义的事物。所指的事物是我们谈论的对象，赋予它意义的事物是科学原则的体现。那么，那些自称为建筑师的人应该精通这两个方面。因此，他应该拥有这两项与生俱来的天赋，并服从于教诲。没有教诲的天赋和没有天赋的教诲都无法造就一名完美的建筑师。他应该受到教育、擅长绘图、受过几何指导、精通历史、关注哲学、了解音乐和药理知识，同时熟悉法学、天文学和天体理论。

由此，维楚维斯阐述了他理想中的建筑师需具备的每一种智力美德和技能背后的原因和动机。例如，他认为"通过光学设施，建筑物中的光线可以从天空的固定区域中被再次提取出来"。或者，一些医药方面的教育能让建筑师学习气候对人们的影响，确保所建房屋是健康的。而哲学将会教会建筑师谦恭、正直、诚实、不贪婪。"这点尤其重要，因为如果失去了诚信和廉洁，所有的工作都将无法完成。不要让建筑师的脑海中充满了收受贿赂的想法，而应该让他保持尊严，以换取良好的名声。"一个人有可能拥有所有这些美好的品质吗？维楚维斯认为当然可以。因为只要建筑师在他所需的所有学科中都受过良好的教育，那么所有领域的知识到最后都是相通的。因此，建筑师的工作取决于他的教育，以及他或她是否能恪守职业道德。

我们可以轻松地采用维楚维斯在他书中所列的每一条职业要求，并将它们编成一份和《希波克拉底誓言》完全等同的《维特鲁威誓言》（Vitruvian Oath）。如果今天意大利的设计师和建筑师做了这样的宣誓，他们就不敢在那不勒斯所在的坎帕尼亚（Campania）南部地区建造如此多靠近有毒垃圾和填埋场的房屋了。因为他们知道，"需要了解选址是否健康"，也因此会受到道德约束而去建造"健康住宅"。如果建筑师对法律再多一些了解，他们就可能会更加坚守这一条。如果那些威尼斯的建筑师知道如何将实践和理论结合，那么没有一项建筑设计会如此明目张胆地忽略城市独一无二的物质条件和建筑实践。

　　任何《维特鲁威誓言》都需要真正专注建筑师教育中维楚维斯认为最重要的那个元素，这就是历史。的确，维楚维斯理想中的建筑师会拥有"广泛的历史知识"。在他的时代，通识教育的课程并不包括历史课。因此，当提到历史时，他指的是建筑师必须了解多方面的历史。然而，现在让设计师透彻地了解历史有用吗？或者说，他或她必须了解哪些特定的历史？世界医学协会在不断地更新《希波克拉底誓言》，例如取消堕胎禁令，并以这种方式不断增强其时代相关性。占星术当然失去了它的价值，但是现在历史真的对建筑师来说不可或缺吗？在建筑学院当然不是这样。这几乎就像是说，我们过去的记忆是为了摆脱自我而来过当下毫无意义生活的一种负担。后现代时期给我们留下了一个烦琐的遗产：它已经把过去的建筑风格变成一张严格的选项表，一张由不同要素组成的词汇表。从这张表中，我们可以随意抽取词汇片段，并将它们用于注释。

　　支离破碎的现代主义已经在我们视线所到之处巩固了自

己，甚至在建筑学院，并以全球化（空间）的名义限制和剥夺了我们的视野（和时间）。T. S. 艾略特（T. S. Eliot）在他1944 年出版的小说《什么是经典》（*What Is a Classic*）中预言了所有这些：

> 在我们这个时代，人们似乎比以往任何时候都更容易将智慧与知识或知识与信息混淆。当试图以工程的方式解决生活问题时，就会出现一个新的地方保护主义。也许它应该有一个新的名字，不是空间地方保护主义，而是时间保护主义。历史仅仅是人类意志的编年史，而这种意识已经完成其使命并宣告报废了。世界是生活着的人的唯一财产，在那里死者没有任何份额。这种地方保护主义的威胁是，所有我们这些在地球上的人都是乡下人。而那些不满意自己乡下人身份的人，只能成为隐士。

"现代主义"（presentism）这个常用于法国的词，也许是艾略特为蔓延到世界各地的新地方主义所预见的词。然而学习历史真的能解救现代主义吗？建筑师真的认为这有用吗？有一句经常滥用的说辞，即"历史是生活的学校"。让我们反过来看这句格言：我们反而说生活是历史的老师，就像20世纪的历史学家和古典主义学家盖塔诺·德·桑基斯（Gaetano De Sanctis）所说的那样。事实上，当下的紧迫性使得我们重新审视过去的事件，不只是当作数据的积累或尘封的档案，而是当作人类社会批判性的、活生生的记忆。这是历史能为现在增彩的唯一方式，是我们建造未来能量源泉。建筑师并不专业地学习历史，但是他或她的专业如果没有了历史学习，将会变得空洞而可悲。这都是因为历史意味着我们集体文化记忆的感知，是责任这个概念的基础。相反，任何将审美放置于历史之前的人，都是在宣扬一种对社会不负责任的、过分屈从的建筑，因为这样的建筑损害了社会，因为它对客户负有义务。

　　建筑师需要的历史并不只包括维楚维斯、安德烈·帕拉第奥或弗兰克·劳埃德·赖特，还包括了他们想要从事交易的国家和城市的历史。在意大利，建筑师应该认识到，尽管我们的艺术遗产、历史遗迹和风景的保存在宪法上得到了严格的规定，并由一套复杂的规定框架保护，但最近的历史表明，如经济学家费德里克·凯菲（Federico Caffe）指出的，有巨大的"鸿沟横亘在停留于纸面的立法保障和具体的日常实践中"。在威尼斯，任何思想正确的建筑师都无法否认这个事实，即这座城市正在失去它的居民，并逐渐沦为分布着第二和第三住房的主题公园。它不仅仅在流失它的居民，还有创造力、社会生活和文化财富，然后卑贱地把自己变成不耐烦的游客快速穿行的电影场景。因此，任何一名建筑师都不应该同意再建造任何东西——无论是一座桥、一个露台还是一扇窗户——这些都将破坏威尼斯的独特性并造成这座历史城市的死亡。

　　那些真正宣称要保卫威尼斯和其他历史城市的人，没有一个会把这些城市逼入僵化的状态，或让它们保持永远不变，或迫使他们处于虚假的天堂或怀旧中。相反，这样的人应该将这座城市和它的建筑看作是城市居民的鲜活象征，包括那些居住于威尼斯的男男女女和那些想要生活在这里却最终被迫离开的人。这些人应该珍惜城市的实体以及灵魂，同时考虑物质构成和居民的命脉。他们应该将建筑视为拥有城市的权利的重要组成部分，其中也包含了拥有工作和私人财产的社会功能的重要权利。然而，拥有城市的权利也必须为建筑师提供空间，以便他们在设计中发挥创造力，以及将历史空间重新利用或加强与城市 DNA 的一致性。这是因为，没有历史深度的威尼斯将无法对曼哈顿这样的城市提供任何启发。

以赛亚·柏林爵士（Sir Isaiah Berlin）曾经喜欢引用德国格言"Menschen sind meine Landschaft"——人民即是我的景观。这条格言对城市尤为适用：景观为人民所享、为人民所有，不仅仅是房地产投机和租赁市场的"大富翁"游戏盘。建筑师不仅要将城市和景观变为民主的镜子，或是鲜活的公民生活原则，或是人们希望过上美好生活的愿景，也应该保留道德的义务来为未来一代提供他们值得继承的环境和城市结构，就像我们继承的那样。我们必须要求建筑师创立新的社会联系，对这些原则做出宣示忠诚的誓言，并通过修正关于社会对公平和公正需求的叙述来提高市民生活的自我意识。如在意大利，这样的一位建筑师必须认可国家宪法中所记述的共同利益原则。

《维特鲁威誓言》并没有任何传统主义和保守的概念。

事实上，恰好相反，它牢固地建立在当代和致力于未来的基础上。比方说，维楚维斯强烈要求他那个时代的建筑师必须拥有药理知识。这是为了确保他们能建造符合意大利宪法的健康房屋，即"保护自然风景"（第9条），并更进一步"保护个人和集体的基本健康权利"（第32条）。这些条款都覆盖了这项内容，因此保护环境是"首要和不可分割的宪法原则"。用意大利最高法院的话来说，因为这关乎全体意大利人的利益。为了维持最先进的生态价值，为了保护拥有城市的权利和公众利益，药理和建筑之间的联系最先应建立在道德之上，而不是审美之上。我们必须建造可以让我们生活的城市和景观，而不是以欣赏为目的。维楚维斯建议的宜局性由意大利宪法定义，由世界范围的环境运动维护。它必须同时确保个体和市民社区的健康。

威尼斯的脆弱而珍贵命中注定。为了其他人的现代化需要，今天的威尼斯比历史上任何时候都更是一个矛盾的纠结。它依然可以被称为重申健康城市生活和拥有城市权利的理想之地，也同样可以重申建筑道德标准的需求。《维特鲁威誓言》受到《希波克拉底誓言》和意大利宪法的影响和推动，也与支持拥有城市的权利的全球运动出奇一致。

第十八章 威尼斯：一台思想机器

"Ghetto"（贫民窟、犹太区）是一个威尼斯词，后来通行全世界。它最开始的意思是"铸造厂"，也就是犹太人1516年定居下来的地方。此时，所有与铸造厂相关的活动都被迁移到了军械库。在令人赞赏的文章《异乡人》（"The Foreigner"）中，社会学家理查德·桑内特（Richard Sennett）写道：

> 在文艺复兴时期的威尼斯，犹太人贫民窟的形成揭示了一个复杂的故事……犹太人在威尼斯贫民窟中的经历可以追溯到将文化与政治权利相连的漫长过程……隔离被视为积极的人类价值，就像将人隔离起来以免受传染……口头契约的神圣性建立起经济权利与话语自由权利之间的关联。

在"文艺复兴时期最具国际性的城市"，或者在"第一个现代世界的'全球城市'"，这个贫民窟社区开始"将社会视为一个集体社团"和取决于对其权利认知的"集体代表形式"。桑内特认为,威尼斯城市形态(一个被排除在外却发展出了强烈自我意识的族群社区)的矛盾是了解"超越法律制度和国家霸权的社会实践"的关键。其中,"口头契约的神圣性建立起经济权利与话语自由权利之间的关联",而话语自由和拥有城市的权利密切相关。

如今,在市场的枷锁下,盲目的现代主义将所有异议都贬低为新的贫民窟。例如威尼斯人居住的贫民窟,他们执着于居住在城市的历史中心区,并与单一的旅游文化和自我沉迷的建筑时尚做着顽强斗争;或是那些威尼斯人和来自世界各地的人所居住的棚户区,他们主张多样的城市生活模式和历史形态的品质。这些少数派属于"远离传染"而被隔离人群,事实上却成了强大的力量源。但是,只有当围困于堡垒中的少数人试图获得足够的自我意识,发展计划的技巧和社会稳固的形态,并锻炼拥有言论自由的权利时,才会如此。这些由公民团体采取的举措宣告了拥有城市的权利(在全球范围)、意大利宪法高尚的目标意识(为意大利人)、地方问题的意识、广泛分布的信息、辩论的能力,以及市民(个人或团体)经济权利与随时间积累的公民资本之间的联系。这些概念可以实现社区空间,也可以打造全新的自我意识。由此城市就会有其实体和灵魂,不仅在威尼斯,也在世界各地。

威尼斯是历史城市的范式,也是类似于曼哈顿这种现代城市的范式。它是一台思想机器,让我们思考城市的理念、公民实践、历史沉积的公民生活,是此时此地的经验,也是未来规划的计划。但它的问题也是复杂的，因为它与周围环境，与历史城市至高无上的重要性，也与政府长期无能之间有着严重的不均衡。同时，它也与地域、文化和困扰它的经济下行之间有着复杂的关系。然而，只关注威尼斯或只考虑威尼斯将会完全错过要点。这个城市目前的发展在世界上随处可见，包括历史城市中心的衰落和居民的流失、标准化现代性的措辞，以及盲目地追求利益，都可以在世界其他地方找到。就像一位病入膏肓的人，威尼斯的伤口比任何其他地方都更为明显，这是这种广泛传播的疾病的实证。它也是最出名的病人，比世界上任何城市都更为引人注意。因此，不论威尼斯发生什么都需要特殊观照，因为这是未来城市命运走向的风向标和实验室。

威尼斯是中心与外围、自然与文化（城市与潟湖）之间平衡极度失调的最佳案例，但也是利用城市问题来获取利益的贪婪和腐败的范例。1966 年的那场大洪水使得威尼斯在潮汐前显得不堪一击，因此 1976 年当局终止了在港口设置可移动屏障的保护计划，即摩西工程。当时，它被誉为技术的胜利。然而，这项伟大的工程在计划实施前就已经过时了，只是时间让背后的不正当政企关系愈加明显。"它一定会在 1995 年完工"，时任意大利首相贝蒂诺·克拉克西（Bettino Craxi）在 1986 年宣布。然而到了 2016 年初，工程仍未完全竣工。同时，政治家不仅对多个专家和机构的质疑不加理会，也对一份 1998 年的官方环境影响研究中否定性的结论视若无睹。现在我们都知道了原因，这还要感谢最近对这个方案中普遍存在的腐败和对该工程引发的公共资源浪费的揭发。这项调查引发了一系列指控和连锁反应，包括前威尼斯市长希奥尔西奥·奥尔索尼（Giorgio Orsoni）、一名威内托大区前区长、水务局前局长吉安卡罗·加兰（Giancarlo Galan）、审计法院的官员、新威尼斯联盟（它被授权对摩西工程中所有工作拥有垄断权）及其他公务人员、机构和企业的负责人。简而言之，摩西工程

　　　　对获取垄断权的建筑企业更为有利，它为获取不正当利益的政治家服务，而非为它本应该服务的威尼斯市民。……与此同时，摩西工程吞噬了价值 62 亿欧元的公众基金，即自 1984 年起为保护城市而设立的总共 187 亿欧元中的 1/3。另外还有 15 亿本将用于该项目的维护。这个项目的总花费本不应超过 20 亿。……我们估计，授权建造莫西工程垄断的花费超过了 20 亿。

以上文字来自经济学家弗朗切斯科·贾瓦齐（Francesco Giavazzi）和记者吉奥吉奥·巴比利（Giorgio Barbieri）。经过缜密的研究和写作，他们于 2014 年出版了《法律腐败：大型公共工程游说者如何破产》（*Cottuzione a norma di legga：La Lobby delle grandi opera che affonda l'Italia*）一书。在该书中，他们指出了腐败犯罪并不是导致其结果的唯一原因："违反法律和腐败行为之间并不互相排斥。"事实上，"这些法律被刻意歪曲和破坏，帮助企业和政治家将利益收入囊中"。由

于"缺少对周围脆弱环境的现实考虑"，官员与建筑公司之间的契约只有"一个目的，那就是售卖威尼斯的名声以获取最大的利益"。成本利润率曾经排在第一位，现在已完全相反。摩西工程的花费远比它所产生的效益更多。这种规模化的腐败迫使首相马特奥·伦齐（Matteo Renzi）的政府于2014年6月关闭了水务局，在其经历了威尼斯古城时期、奥匈帝国统治和意大利统一后的各种政权后，结束了其500年的历史。

然而，一旦摩西工程的屏障设施完工并投入运行，为了守护那份有利可图的维护保养合同，那些想要继续保留摇钱树的人已经做好了准备。为此，他们还制定了另外一个价值28亿欧元的"庞大公共工程"：威尼斯离岸港口。位于这份名单首要位置的即是参与到摩西工程的同一批公司和涉及两党的同一批盟友。"离岸港口将会是城市发展的催化剂"，意大利中右翼政党议员雷纳托·布鲁内塔（Renato Brunetta）说道。"威尼斯不能放弃发展，它必须从保守主义的束缚中挣脱"，中左翼政党民主党议员皮埃尔·帕科·巴雷塔（Pier Paolo Baretta）补充道。该项目的网站显示：

> 离岸平台将会受一条4200米长的防洪坝保护。它可以同时容纳一座石油码头和一座可同时停靠三艘最新一代集装箱船的码头 …… 整个工程——包括离岸码头和离岸平台——经公共工程高级理事会批准同意（其特定部门负责审查所有关于保护威尼斯和潟湖的工程）。

"从保守主义的束缚中挣脱"意味着法律的滥用。它打着保护城市和环境的旗号，实际上却为了"撕毁一切，挖掘直线运河，建立钢筋混凝土的堤岸和仓库"，保护主义团体"我们的意大利"（Italia Nostra）说道。但是摩西工程事件表明，威尼斯的问题一直以来都被当作借口。人们打着空洞的保护旗号，实际上却为了私人利益而盲目掠夺城市。这些私人利益当然涉及了一些公共工程，但它们如此之多，以至于用贾瓦齐和巴比利的话来说，"地方行政长官对（米兰）2015年世博会的调查显示，其背后是参与摩西工程的同一批公司"。

威尼斯因此成为教科书般的公共腐败案例。历史城市被清空，当局让步于单一的旅游文化。他们提高房地产价格，以一种种族清洗的形式将年轻人和穷人赶出城市。这种情况遍布全世界，不仅仅在威尼斯。用建筑历史学家曼弗雷多·塔夫里的话说，"建筑的审美目标名不副实"。不只在威尼斯，全世界都在通过建设臃肿的城市获取利益，愿意付出所有并以毁灭历史中心为代价，盲目地坚持摩天大楼的主张。社区中的市民一睁眼就发现，他们成了家中的陌生人，因为城市和土地都已经成为一个狩猎场或一家待抢劫的银行。这种情况遍布全国，不仅仅在威尼斯。所有富有创造性的工作都消失了，剩下的年轻人成为"失落的一代"。他们被迫移民，耗尽了公民意识并被剥夺了拥有城市的权利。这种情况遍布全世界，不仅仅在威尼斯。与类似的其他历史城市相比更甚，威尼斯是"现代化世界无法忍受的威胁"（塔夫里）。

正是出于这个原因，威尼斯成了现代化的受害者。"就像一只实验鼠被活体解剖并剥去骨头进行大胆的实验"，建筑理论家特蕾莎·斯托潘尼（Teresa Stoppani）在她 2011 年出版的《范式岛屿：曼哈顿与威尼斯》（*Paradigm Islands：Manhattan and Venice*）中说道。然而，在概念层面上将威尼斯解构成一个流体而非历史形态的城市，并且用现实主义美学来审视这个城市，这只是迈向物理解构它的第一步（即摧毁它）。因此，建筑师必须致力于按照完全相反的方式去做：在思考城市的形态之前，首先考虑其生活方式、工作机会和市民的未来。这就是为什么思考威尼斯也意味着思考历史城市，或其他任何城市。

思考城市并不仅仅是一场智力练习，它也帮助我们理解政治和民主。它要求一种当代知识，但同时也关注过去和未来。今天的城市是：

一幅复杂的、流动的地图。它首先帮助我们知道城市是如何建造而成，其次它又是如何经历改造的……今天我们拥有的形象越消极，就越需要我们努力建立更积极的形象……同时也不忽视城市在历史中传承下来的连续性元素，即那些能把它与其他城市分离开来并被赋予意义的元素。每一座城市都有它特定的"规划"，每当它受到忽视的时候都能痊愈，除非它希望就此消失。古人通过援引与其诞生有关的神明的名字来保存其城市精神……这些名字是人类行为或其他元素重要属性的化身

（一条河、一种特殊的土壤、各种植被）。这就必须确保其在所有连续的变化中得以生存，既像一种审美形式，也像理想社会的象征。一个城市可以度过许多灾难和黑暗时代，但是它也必须在合适的时机再次找到它的神明来度过困难时期。［伊塔洛·卡尔维诺（Italo Calvino）：《城市之神》（*The Gods of the City*），1975］

威尼斯的神明比其他城市的神明要求更高。因为纵观历史，它的居民比其他地方的更多元也更多产，也因为这座城市在环境上面临着更严峻的挑战。这座珍贵、独特而又处于困境的城市是人类范围内所建城市的最高象征。这里说的处于困境是因为它与潟湖和大陆的单一关系，它抵制其他城市趋势的影响，因为它天生是适合步行而缺乏车辆的城市。它挑战了我们，同时也抛给了我们这些问题：我们应该保持这种独特的处理空间的方式，还是我们应该放弃它，迫使它成为一种唯一的模式并在全世界建造相同的城市？

没有什么比赞扬多样性更符合主流和政治正确了。性别和性取向的多样性、宗教和文化的多样性……然而尽管这样的多样性在个人层面被高度赞扬，它并不适用于处在猖獗的同质化枷锁下的城市。威尼斯是历史城市及其生活方式的鲜活实例，是诠释古代城市形态消解过程的试金石，现在却已经弱化到原先自我的残余了。即便城市居民正在流失的确是事实，为防止它发生而设立的机构反而加速了这个过程。这个过程有一个未被宣布却十分明显的目标：消除多样性，减少公共空间，换取电影般的场景。拯救威尼斯（或其他地方）的历史城市不会简单地因恢复城市过去的记忆，或沉浸在现在的快乐中而发生。即使抗议也不够，唯一有效的行动是重新激励公民积极实践和行使拥有城市的权利，然后出台新的规定来保护其独特性，使用硬性规定，而不只是保护框架和环境。同时，提高城市的使用价值使其高于交换价值，重视产业的社会功能，保障市民的有偿劳动及年轻人拥有住房和未来的权利。

威尼斯是一个有着漫长世界主义历史的城市，仍然可以成为一个与我们时代相关的公民意识的试验场。如果这座城市是社会和文化空间的制造者，是思想和权利的剧场，是未来的实验室，那么它能有效帮助我们了解新意大利人的身份。他们来自欧洲其他地区或其他大陆，而现在已经成为我们社会的一分子。这比以往任何时候都变得更加重要。他们不断增长的数量和重要性让他们成了未来城市的重要元素。如果学校和社区无法将城市的精神传递给那些居住于此的居民，除非他们了解其价值，否则我们的遗产和景观都将无法保留下来。蜂拥来到威尼斯的游客，带来了欺骗性的世界主义，这无助于扩大这种公民意识的视野。这样的视野将超越出生地法（Jus soli）或血统法（Jus sanguinis）的基本观念，即一个人的公民性决定于这个人的出生地或血统。相反，它将根据当事人的自愿选择。借用作家和活动家米歇拉·默吉亚（Michela Murgia）的定义，或换句话说，是成为公民的有意愿望。在《克里托》（Crito）中，苏格拉底（Socrates）认为公民身份是公民与他或她家乡的条约，意味着有意识地选择并承担一定的责任。那些选择留在城邦（社区）的人必须遵守法律，或者努力改变这些规则。这种公民意识的概念，将人与出生地（因此不包括奴隶和外乡人）联系起来，为其注入新的含义，并延伸到选择留下的新移民身上。这样的公民意识必须使其从属于一个知识和意见的共同体。

当今社会需要一个新的公民条约，不仅在威尼斯，也在其他任何地方。这既是为了原住于城市的家庭，也是为了来自其地方的移民家庭。在威尼斯，这种新条约从强烈的责任感开始，激励政治家和公共机构对城市采用更具创造性的理念，以复苏历史城市并将它推向未来。这样创造而来的新政治可以遏制导致公民外流的悖谬逻辑，并通过强有力的激励措施鼓励年轻人留下来，例如减税。这也意味着要遏制第二住所及将大楼改建成酒店的猖獗趋势。同时，这意味着鼓励制造业和私人企业，为更多富有创造力的工作提供机会。这当然也意味着重新统一历史城市、潟湖和大陆，通过区分它们的功能，创造更多可用的农业用地；投资渔场，并对旧厂、空厂进行再利用；激励科研，启动新的专业训练方案和实习机会；投资大学，主要是为了学生能负担其开支从而在城市居住。这意味着发展新的模式，分析情况并评估选择，重视高水准的措施（如大学和双年展）。这不仅是征服"不可控的市场力量"，也意味着铭记拥有城市的权利，把共同利益放在第一位。

如果我们将威尼斯看作是历史城市的范式，它的美也应该是这场辩论的一部分。美，毕竟不是商品，而是我们部分的精神遗产。我们不能默认这样一个过程：

> 主观把美变成事物——树林变为木柴，图像变为事物，有眼睛却不能看，有耳朵却不能听。任何与理想的联系都会表现为一场没有实质的游戏，或是作为对对象的依赖和迷信。［黑格尔：《信仰与知识》（*Faith and Knowledge*），1802］

思考历史城市，也意味着思考人类社区、工作的权利和拥有城市的权利。管理者、开发商和建筑师都必须放弃所有的压迫性建筑，并表明非暴力的现代性形式是可以实现的。

至于威尼斯人，以及所有在他们心中对这座城市有特殊地位的人，他们面前有严肃的责任和关键的任务，即证明城市的美和多样性并不是历史遗产的累赘，而是一件让我们拥抱当下的非凡礼物，一项建设和保障未来的特殊恩赐。同时，证明威尼斯并不会将自己转变成重庆以在这个世纪中存活。威尼斯事实上必须成为自己的对照。这个世界有空间包容不同的城市模式、文化和生活。几百年来威尼斯发展的模式赋予了自己公民权利，这不光是现在，也是未来几代人活在这个世界上的权利。因为如果威尼斯消逝，它不会是唯一：城市的概念——作为多样性和社会生活可以展开的开放空间，作为我们文明的最高创造，作为民主的承诺和保障——也会随着它消逝。

图书在版编目（CIP）数据

假如威尼斯消逝／（意）萨尔瓦多·塞提斯
（Salvatore Settis）著；林航，胡泽霞译. －－北京：
社会科学文献出版社，2019.7
（城市学编译丛刊）
ISBN 978 － 7 － 5201 － 4667 － 8

Ⅰ.①假…　Ⅱ.①萨…　②林…③胡…　Ⅲ.①威尼斯
－概况　Ⅳ.①K954.6

中国版本图书馆 CIP 数据核字（2019）第 065109 号

· 城市学编译丛刊 ·

假如威尼斯消逝

著　　者／［意］萨尔瓦多·塞提斯（Salvatore Settis）
译　　者／林　航　胡泽霞
校　　者／林　航

出 版 人／谢寿光
责任编辑／邵璐璐

出　　版／社会科学文献出版社 · 历史学分社（010）59367256
　　　　　地址：北京市北三环中路甲 29 号院华龙大厦　邮编：100029
　　　　　网址：www. ssap. com. cn
发　　行／市场营销中心（010）59367081　59367083
印　　装／三河市尚艺印装有限公司

规　　格／开 本：787mm × 1092mm　1/16
　　　　　印 张：11.5　字 数：112 千字
版　　次／2019 年 7 月第 1 版　2019 年 7 月第 1 次印刷
书　　号／ISBN 978 － 7 － 5201 － 4667 － 8
著作权合同
登 记 号／图字 01 － 2018 － 8616 号
定　　价／59.00 元

本书如有印装质量问题，请与读者服务中心（010 － 59367028）联系